॥ कृपा करहु गुरु देव की नाईं ॥

श्रीहनुमान चालीसा की 40 चौपाइयों की व्याख्या

जीवन-प्रबंधन के गुरु श्री आंजनेय

Kripa Karahu Guru Dev Ki Naain

(Explanation of the forty verses of Hanuman Chalisa)

Life Management Ke Guru Shree Aanjney

॥ कृपा करहु गुरु देव की नाईं ॥

श्रीहनुमान चालीसा की 40 चौपाइयों की व्याख्या

जीवन-प्रबंधन के गुरु श्री आंजनेय

पं. विजयशंकर मेहता

राधाकृष्ण पेपरबैक्स

Kripa Karahu Guru Dev Ki Naain

(Explanation of the forty verses of Hanuman Chalisa)

Life Management Ke Guru Shree Anjaney

Pt. Vijayshankar Mehta

RADHAKRISHNA PAPERBACK

ISBN : 978-81-8361-425-2

॥कृपा करहु गुरु देव की नाईं॥

(श्रीहनुमान चालीसा की 40 चौपाइयों की व्याख्या)

पहला संस्करण : 2005

चौदहवाँ संस्करण : 2025

मूल्य : ₹299 (US $ 15)

प्रकाशक

राधाकृष्ण प्रकाशन प्राइवेट लिमिटेड

जी-17, जगतपुरी, दिल्ली-110 051

शाखाएँ : अशोक राजपथ, साइंस कॉलेज के सामने, पटना-800 006

पहली मंजिल, दरबारी बिल्डिंग, महात्मा गांधी मार्ग, प्रयागराज-211 001

1, अनमोल सोराबजी संतुक लेन, धोबी तलाव, मरीन लाइंस, मुम्बई-400 002

वेबसाइट : www.radhakrishnaprakashan.com

ई-मेल : info@radhakrishnaprakashan.com

अंग्रेजी रूपान्तरण : रमाशंकर दीक्षित

मुद्रक

विकास कंप्यूटर एंड प्रिंटर्स

ट्रॉनिका सिटी-201 102

ISBN : 978-81-8361-425-2

Kripa Karahu Guru Dev Ki Naain

(Explanation of the forty verses of Hanuman Chalisa)

First Edition : 2005

Fourteenth Edition : 2025

Price : 299 (US $ 15)

Published by

Radhakrishna Prakashan Pvt. Ltd.

G-17, Jagatpuri, Delhi-110 051

Branch : Ashok Rajpath, Opp. Science College, Patna-800 006

First Floor, Darbari Building, M.G. Marg, Prayagraj-211 001

1, Anmol Sorabjee Santuk Lane, Dhobi Talao, Marine lines, Mumbai-400 002

Website : www.radhakrishnaprakashan.com

email : info@radhakrishnaprakashan.com

English Adoptaion : Ramashankar Dixit

Printed at

Vikas Computer & Printers

Tronica City-201102 (U.P.)

लोकाभिरामं रणरङ्गधीरं राजीवनेत्रं रघुवंशनाथम्।
कारुण्यरूपं करुणाकरं तं श्रीरामचन्द्रं शरणं प्रपद्ये॥

वंदन

यह शरीर जिनका अंश है
ब्रह्मलीन पू. स्वामी नारायणदेव तीर्थ जी महाराज

जिनकी कृपा प्रतिपल संग है
जूनापीठाधीश्वर आचार्य महामण्डेलश्वर
पू. स्वामी अवधेशानंदगिरि जी

जिनका आशीर्वाद सदैव साथ है
भक्ति भारती पू. मां प्रेमा पाण्डुरंगा जी

गोस्वामी तुलसीदास जी
को स्मरण करते हुए समस्त संतसमाज के
चरणों में सादर समर्पित

श्लाघनीय महत्कार्य के लिए
शुभकामना एवं शुभाशीष
आचार्य [illegible]

नमन

माता **सौ. सुमित्रा देवी**
पिता डॉ. **वल्लभदासजी**
के
पालन का प्रतिफल
जीवन-प्रबंधन

(कृपा करहु गुरुदेव की नाईं)

जीवनसंगिनी
आभा के साथ,
पं. विजयशंकर मेहता

कृपा करहु गुरु देव की नाईं

जो यह पढ़ै हनुमान चलीसा

गोस्वामी तुलसीदासजी के बाल्यकाल में लिखा गया साहित्य है श्रीहनुमान चालीसा, ऐसा विद्वानों का मत है। इसकी भाषा बहुत सरल है लेकिन भाव बड़े गहरे हैं। करोड़ों लोगों को यह याद है और श्रद्धा से गाते हैं। इसीलिए इसकी पंक्तियां सिद्ध मंत्र के समान हो गई हैं। आज के युग में श्रीहनुमान चालीसा असंख्य श्रद्धालुओं की कंठहार बन गई है। विद्वानों और पंडितों के मुंह से इन चालीस चौपाइयों की व्याख्या कम ही सुनाई देती है। चौपाइयों के शाब्दिक अर्थ तो बहुत सरल हैं, लेकिन इनके भावार्थ को समझकर जब इनकी व्याख्या की जाए, तो हर शब्द में एक नया दर्शन, नई दिशा और व्यावहारिक जीवन-शैली के संकेत मिलते हैं।

इस पुस्तक में श्रीहनुमान चालीसा की चौपाइयों की व्याख्या करते समय यह बात साफ समझ में आ गई कि तुलसीदासजी केवल कहने वाले कवि नहीं थे, वे जीवन जीने और कर्म करने की समझ देने वाले सृजनकर्ता भी थे। श्रीहनुमान इनके पथ प्रदर्शक थे और अब यह श्रीहनुमान चालीसा हमारी मार्गदर्शक है। इसीलिए श्रीहनुमान चालीसा एक ही समय में गाईड और गॉडफादर दोनों

One who reads this Shri Hanuman Chalisa

In the opinion of scholars the Shri Hanuman Chalisa was composed by Goswami Tulsidasji in his childhood. Its language is very simple but its meaning is very deep. Crores of people have memorised it and they sing it with great reverence. This is why its lines have become like proven mantras. In the present age the Shri Hanuman Chalisa has become neck garland of innumerable devotees. Explanation of these forty verses of chalisa consisting of four lines has scarcely been pronounced by the Scholars and Pandits. The literal meaning of these verses is very simple but when they are explained after their meaning being understood in proper sense, every word of them is indicative of a new philosophy, a new direction and a practical life style.

While analysing the verses of the Shri Hanuman Chalisa in this treatise, I came to understand clearly that Tulsidasji was not only a poet who says but he was a creator who made the reader understand how to live and how to

है। इस युग की जीवन–शैली में सबसे ज्यादा आवश्यकता भी हमें इन दोनों की है।

यह निर्माण से अधिक योजना के महत्त्वपूर्ण होने का समय है। यह प्रबंधन का युग है। *श्रीहनुमान चालीसा की प्रत्येक पंक्ति जीवन–प्रबंधन से होकर गुजरती है।* कलयुग में तो भरोसे का दूसरा नाम श्री हनुमानजी हैं और इस भरोसे में छिपे हैं प्रबंधन के गुर, श्रेष्ठ व्यवस्था के उदाहरण और नई पीढ़ी के लिए सफलता के सूत्र। इस सबकी उपलब्धि के लिए सबसे सरल तरीका है हनुमानजी से यह मांग करना, "कृपा करहु गुरु देव की नाईं।"

घटनाओं से निपटने की हनुमानजी की अपनी ही शैली है जिसे अपनाकर कोई भी अपने यश तथा शौर्य में वृद्धि कर सकता है।

और एक निवेदन है। यह श्रीहनुमत चरित को स्पर्श करने का बालसुलभ दुस्साहस है। भूल होना स्वाभाविक है। बाबा हनुमंतलालजी से तो कृपा और दया की याचना है ही संतों और विद्वानों से भी क्षमा याचना है।

पं. विजयशंकर मेहता

शिवरात्रि
26.2.06
उज्जैन (म.प्र.)

do things. Shri Hanuman was his guide and now his Hanuman Chalisa is our guide. That is why the Shri Hanuman Chalisa is at once both guide and a Godfather. In the lifestyle of this age we need both of them the most.

These are the times when planning is more important than construction. This is the age of management. *Every line of the Shri Hanuman Chalisa passes through life management.* In the kalyuga Hanumanji is another name of trust and in this trust lie hidden the formulae of management, the examples of the best system and the precepts of success for the new generation. To achieve all these the simplest of the ways is to demand from Hanumanji, "kripa karhu gurudev ki naain" do me a favour like a teacher.

Hanumanji has his own style to face the events and anyone can increase his fame and courage by adopting it.

I have a request to make. It is a childlike adventure to touch the character of Shri Hanuman. To make mistakes is but natural. I offer my apology to Hanumantlalji as well as the saints and the scholars.

Pt. Vijayshankar Mehta

Shivaratri
26.2.06
Ujjain (M.P.)

श्री हनुमान चालीसा

।। दोहा ।।

श्रीगुरु चरन सरोज रज।
निज मनु मुकुरु सुधारि।।

बरनऊँ रघुबर बिमल जसु।
जो दायकु फल चारि।।1।।

बुद्धिहीन तनु जानिके।
सुमिरौं पवन–कुमार।।

बल बुद्धि बिद्या देहु मोहिं।
हरहु कलेस बिकार।।2।।

।। चौपाई ।।

जय हनुमान ज्ञान गुन सागर।
जय कपीस तिहुँ लोक उजागर।।1।।

SHRI HANUMAN CHALISA

DOHA (COUPLET)

Shri guru charan saroj raj
nij manu mukuru sudhari,
Barnau raghubar bimal jasu
jo dayaku phal chari. (1)

(Purifying my innerself with the dust of lotus like feet of the Guru (teacher), I describe the shining glory of Raghubar (Rama), which gives fourfold fruits.)

Buddhiheen tanu janike
sumirau Pawankumar,
Bal budhi bidya dehu mohi
harahu kales bikar. (2)

(I consider myself devoid of intelligence, I therefore remember Pawan kumar (son of the wind god i.e. Hanuman), I pray that he should impart me strength, intelligence and education and remove all the impurities and disease from me).

Choupai (Verse)

Jai Hanuman gyan gun sagar,
jai kapis tihu lok ujagar. (1)

(Jai to Hanuman a sea of knowledge and virtue. Jai to the king of monkeys who is known to the whole of universe).

रामदूत अतुलित बल धामा।
अंजनि–पुत्र पवनसुत नामा।।2।।

महाबीर बिक्रम बजरंगी।
कुमति निवार सुमति के संगी।।3।।

कंचन बरन बिराज सुबेसा।
कानन कुंडल कुंचित केसा।।4।।

हाथ बज्र औ ध्वजा बिराजै।
काँधे मूँज जनेऊ साजै।।5।।

संकर सुवन केसरीनंदन।
तेज प्रताप महा जग बंदन।।6।।

बिद्यावान गुनी अति चातुर।
राम काज करिबे को आतुर।।7।।

प्रभु चरित्र सुनिबे को रसिया।
राम लषन सीता मन बसिया।।8।।

सूक्ष्म रूप धरि सियहिं दिखावा।
बिकट रूप धरि लंक जरावा।।9।।

भीम रूप धरि असुर सँहारे।
रामचन्द्र के काज सँवारे।।10।।

Ramdoot atulit bal dhama,
Anjani putra pawansut nama. (2)

(Ambassador of Rama full of immense strength, son of Anjani known by the name of Pawansut (son of the wind god).)

Mahabir Bikram Bajrangi,
Kumati niwar sumati ke sangi. (3)

(Very brave, warrior with strong body (Hanuman) does away with bad ideas and is friendly with good ideas.)

Kanchan baran biraj subesa,
Kanan kundal kunchit kesa. (4)

(The colour of his body is golden and his mien is handsome. He wears kundal (ornament) in his ears. His hair is curly.)

Hath bajra aur dhwaja viraje,
Kandhe munj janeu saje. (5)

(In his hand he has bajra (a weapon) and a flag and on his shoulder there is a sacred thread made of munj (a kind of grass).)

Sankar suvan kesarinandan,
Tej pratap maha jag bandan. (6)

(He is also called son of Sankar and Kesari. His glory is so great that the whole world pays homage to him.)

Bidyawan guni ati chatur,
Ramkaj karibe ko aatur. (7)

(He is learned, virtuous and very clever always ready to do Rama's bidding.)

Prabhu charitra sunibe ko rasia,
Ram lakhan sita man basia. (8)

(He is very fond of hearing the deeds done by the lord Rama and the image of the trio Ram, Laxman and Sita always lives in his mind.)

Suksham roop dhari siyanhi dikhava,
Bikat roop dhari lank jarava. (9)

(He showed his very little body to sita and he set ablaze Lanka with his ferocious body).

Bheem roop dhari asur sanhare,
Ramchandra ke kaj sanware. (10)

(He killed the demons with large body and accomplished the work of Shri Ramachandra).

लाय संजीवन लखन जियाये।
श्रीरघुबीर हरषि उर लाये।।11।।

रघुपति कीन्ही बहुत बड़ाई।
तुम मम प्रिय भरतहि सम भाई।।12।।

सहस बदन तुम्हरो जस गावैं।
अस कहि श्रीपति कंठ लगावैं।।13।।

सनकादिक ब्रह्मादि मुनीसा।
नारद सारद सहित अहीसा।।14।।

जम कुबेर दिगपाल जहाँ ते।
कबि कोबिद कहि सके कहाँ ते।।15।।

तुम उपकार सुग्रीवहिं कीन्हा।
राम मिलाय राज पद दीन्हा।।16।।

तुम्हरो मन्त्र बिभीषन माना।
लंकेश्वर भए सब जग जाना।।17।।

जुग सहस्र जोजन पर भानू।
लील्यो ताहि मधुर फल जानू।।18।।

प्रभु मुद्रिका मेलि मुख माहीं।
जलधि लाँघि गये अचरज नाहीं।।19।।

Laye sanjivan Lakhan jiaye,
Shri Raghubir harashi ur laye. (11)

(Hanumanji brought sanjivani (life saving drug) and saved the life of Laxman. Ram was very happy and embraced him profusely.)

Raghupati kinhi bahut badai,
Tum mam priya Bharatahi sam bhai. (12)

(Ram praised him profusely and said that he was brother to him like Bharata.)

Sahas badan tumharo jas gavae,
As kahi Shripati kanth lagave. (13)

(Ram said that thousand of people would sing to his glory and saying this he again embraced him.)

Sankadik Brahmadi munisa,
Narad sarad sahit ahisa. (14)

(Saints like Sankadik, Brahma, Narad and Sarad etc. have blessed him.)

Jam kuber digpal jahan te,
Kabi kobid kahi sake kahan te. (15)

(Jam (god of death), Kuber (god of wealth), Digpal (god of four directions), Kabi (poets), Kovid (folk Singers) etc. can not describe his reputation.)

Tum upkaar Sugreevahi keenha,
Ram milaye raj pad deenha. (16)

(You obliged Sugriva by getting him met with Rama and there by made him the king.)

Tumahro mantra Bibhishan mana,
Lankeshwar bhaye sab jag jana. (17)

(Your advice was followed by Vibhishana and the whole world knows that he become the king of Lanka.)

Jug sahasra jojan par bhanu,
Leelyo tahi madhur phal janu. (18)

(The sun god lies thousand of miles away treating it as a sweet fruit you gulped it.)

Prabhu mudrika meli mukh mahin,
Jaladhi langhi gaye acharaj nahin. (19)

(Keeping the ring of Rama in his mouth he crossed the sea. There is no surprise in this.)

दुर्गम काज जगत के जेते।
सुगम अनुग्रह तुम्हरे तेते।।20।।

राम दुआरे तुम रखवारे।
होत न आज्ञा बिनु पैसारे।।21।।

सब सुख लहै तुम्हारी सरना।
तुम रच्छक काहू को डर ना।।22।।

आपन तेज सम्हारो आपै।
तीनों लोक हाँक तें काँपै।।23।।

भूत पिसाच निकट नहिं आवै।
महाबीर जब नाम सुनावै।।24।।

नासै रोग हरै सब पीरा।
जपत निरंतर हनुमत बीरा।।25।।

संकट तें हनुमान छुड़ावै।
मन क्रम बचन ध्यान जो लावै।।26।।

सब पर राम तपस्वी राजा।
तिन के काज सकल तुम साजा।।27।।

और मनोरथ जो कोइ लावै।
सोइ अमित जीवन फल पावै।।28।।

Durgam kaj jagat ke jete,
Sugam anugraha tumhare tete. (20)

(All the difficult deeds of the world become easy by your grace.)

Ram duare tum rakhware,
Hot na aagya binu paisare. (21)

(You are the sentinel at the gate of Rama's residence and without your permission nobody can enter it.)

Sab sukh lahe tumhari sarana,
Tum rachchhak kahu ko darna.(22)

(In your shelter all the happiness lies and if you are the guard one should not be afraid of anybody else.)

Apan tej samharo aape,
Teeno lok hank te kanpe. (23)

(You yourself can take care of your shine. The whole of universe trembles by your voice.)

Bhoot pisach nikat nahin aave,
Mahabeer jab naam sunave. (24)

(When your name is pronounced all the ghosts and witches keep away.)

Nase rog hare sab peera,
Japat nirantar Hanumat beera. (25)

(If the name of the brave Hanuman is pronounced continuously all the diseases and pains are destroyed.)

Sankat te Hanuman chhudave
Man kram bachan dhyan jo lave. (26)

(If Hanuman is remembered by heart, deeds and words one can get rid of the trouble.)

Sab par Ram tapasvi raja,
Tin ke kaaj sakal tum saja. (27)

(Ram the ascetic king is above every thing, in his service you are always engaged.)

Aur manorath jo koi lave,
Soi amit jeevan phal pave. (28)

(Whoever desires anything, he can get his desire fulfilled in full measure.)

चारों जुग परताप तुम्हारा।
है परसिद्ध जगत उजियारा।। 29।।

साधु संत के तुम रखवारे।
असुर निकंदन राम दुलारे।। 30।।

अष्ट सिद्धि नौ निधि के दाता।
अस बर दीन जानकी माता।। 31।।

राम रसायन तुम्हरे पासा।
सदा रहो रघुपति के दासा।। 32।।

तुम्हरे भजन राम को पावै।
जनम जनम के दुख बिसरावै।। 33।।

अंत काल रघुबर पुर जाई।
जहाँ जन्म हरि–भक्त कहाई।। 34।।

और देवता चित्त न धरई।
हनुमत सेइ सर्ब सुख करई।। 35।।

संकट कटै मिटै सब पीरा।
जो सुमिरै हनुमत बलबीरा।। 36।।

जै जै जै हनुमान गोसाईं।
कृपा करहु गुरु देव की नाईं।। 37।।

Charon jug partap tumhara,
Hai parsiddh jagat ujiyara. (29)

(Your reputation extends to the four yugas and by the light of your reputation the whole world is shining.)

Sadhu sant ke tum rakhware,
Asur nikandan Ram dulare. (30)

(You are protector of saints and hermits, destroyer of asuras (demons) and dear to Rama.)

Ashta siddhi nau nidhi ke data,
As bar deen janki mata. (31)

(You have mastered the eight siddhis (accomplishment) and you are the giver of ninefold prosperity. This power was given to you by Janki (Sita).)

Ram rasayan tumhare pasa,
Sada raho Raghupati ke dasa. (32)

(You have the chemistry of Rama with you and you should always be a servant of Rama.)

Tumahre bhajan Ram ko pave,
Janam janam ke dukh bisrave. (33)

(By devotion to you one can get Rama and one can forget the pains of many births and deaths by attainment of Rama.)

Ant kal Raghubar pur jai,
Jahan janam haribhakt kahai. (34)

(After his death he will go to the heaven and he will be called a devotee to Ram.)

Aur devata chitta na dharai,
Hanumat sei sarba sukh karai. (35)

(When other gods do not pay attention to ones calls, Hanuman imparts all happiness to him.)

Sankat kate mite sab peera,
Jo sumire Hanumat balbeera. (36)

(Whosoever remembers the brave Hanuman he would get rid of all the pains and crisis in life.)

Jai jai jai Hanuman Gosain,
Kripa karahu guru dev ki naai. (37)

(Jai to Hanuman Gosain, he should bestow his blessings on me like a Guru (teacher).)

जो सत बार पाठ कर कोई।
छूटहि बंदि महा सुख होई।।38।।

जो यह पढ़ै हनुमान चलीसा।
होय सिद्धि साखी गौरीसा।।39।।

तुलसीदास सदा हरि चेरा।
कीजै नाथ हृदय महँ डेरा।।40।।

।।दोहा।।

पवनतनय संकट हरन, मंगल मूरति रूप।
राम लषन सीता सहित, हृदय बसहु सुर भूप।।

Jo sat bar path kar koi,
Chhoothi bandi maha sukh hoi. (38)

(One who reads it several times, becomes free and very happy.)

Jo yah padhe Hanuman Chalisa
Hoi siddhi sakhi Goureesa. (39)

(One who reads this Shri Hanuman Chalisa attains siddhis of God Shiva and becomes his friend.)

Tulsidas sada hari chera,
Keeje nath hriday meh dera. (40)

(Tulsidas is always the servant of God and prays him to make his abode in his heart.)

COUPLET

Pawan tanay sankat haran, mangal murati roop,
Ram Lakhan Sita sahit, hriday basahu sur bhoop.

(Son of the Wind God, remover of crisis, of propitious mien prays that the king of Gods i.e. Rama should reside in his heart along with Laxman and Sita.)

कृपा करहु गुरु देव की नाईं

(श्रीहनुमान चालीसा की 40 चौपाइयों की व्याख्या)

माहात्म्य

श्री रामचरितमानस के पश्चात् गोस्वामी तुलसीदासजी की यदि कोई सर्वाधिक लोकप्रिय रचना है, तो वह है श्रीहनुमान चालीसा। आरंभ में दो दोहे, अंत में एक दोहा तथा चालीस चौपाइयों में हनुमानजी की वंदना की गई है, उपासना की गई है, गुणों को उच्चारित किया गया है, और उनके चरित्र को प्रणाम किया गया है। यह हनुमानजी का यशगान है।

यह भगवान् श्रीराम तक पहुंचने का एक माध्यम है। भारतीय जनमानस में रची–बसी श्रीहनुमान चालीसा को यदि कोई सिद्ध कर ले या इसका सौ बार पाठ कर ले, तो हनुमानजी उसकी इच्छा अवश्य पूरी करते हैं, ऐसी भक्तों की मान्यता है।

लेकिन एक बड़ी बात और होती है। श्रीहनुमान चालीसा का पाठ करने के बाद यदि किसी पर भगवान् की कृपा हो जाए तो मांगने की या कुछ मिलने की इच्छा ही समाप्त हो जाती है, हम समस्त बंधनों से मुक्त हो जाते हैं। यही इसका सबसे बड़ा फल है।

तुलसीदासजी को तीन बातों का आश्रय था। श्री हनुमंत का भरोसा, सत्संग और रामनाम जाप। इसीलिए उन्होंने श्रीहनुमान चालीसा की रचना की थी।

हनुमानजी आज भी जीवित हैं।

लेकिन एक प्रश्न सबके मन में उठता है ये वानर हैं? मनुष्य हैं? अवतार हैं? या कौन हैं हनुमानजी? दरअसल मानव बनकर ही मानव को लीला का सही उद्‌देश्य समझाया जा सकता है। हनुमानजी ने जो वानर रूप धरा, वह मनुष्य का ही रूप था। वा–नर अर्थात वन में रहने वाले नर।

भगवान् अपने अवतार के माध्यम से बताना चाहते हैं कि, मनुष्य की योनि सबसे श्रेष्ठ है। भगवान् मनुष्य का आचरण इसलिए करते हैं ताकि हमें यह बता सकें कि, हम किस तरह मनुष्य बनकर परमात्मा के निकट पहुंचे। मनुष्य बनने

KRIPA KARAHU GURU DEV KI NAAIN

(Explanation of the forty verses of Hanuman Chalisa)

Importance

After the Ramcharitmanas the only most popular creation of Goswami Tulsidasji is the Shri Hanuman Chalisa. There are two couplets in the beginning and one couplet in the end and there are forty verses in between. Here obeisance has been paid to Hanumanji, his virtues are pronounced, homage has been paid to his character. It is the verse singing the reputation of Hanumanji.

It is a means to reach God Shri Ram. If anyone gets mastery over the Shri Hanuman Chalisa which finds a place in popular Indian consciousness or repeats its text hundred times, Hanumanji surely fulfills his desire. This is recognised by the devotees.

But one thing very surprising happens. If after repetition of the Shri Hanuman Chalisa one gets blessing of God, the very desire to demand and to acquire comes to an end. We are freed from all bonds. This is its greatest result.

Tulsidasji took shelter under three things. He relied on Hanuman's company of pious men (satsung) and pronouncement of Ram's name. That is why he wrote the Shri Hanuman Chalisa.

Hanumanji is alive even today.

But one question arises in everyones mind whether he is a monkey or a human being or an incarnation. Who is Hanumanji. In fact the real purpose of human's life can be explained by becoming a human being. The form of a monkey adopted by Hanumanji was the form of a human being. Va-nar (monkey) is a man living in the forest.

By incarnation God wants to say that the class of humans is the highest form. God adopts human conduct so as to tell us how to reach near God with a human form. There is as much trouble in being a human as there is glory.

में जितनी गरिमा है उतनी तकलीफ भी है।

मनुष्य और जानवर में एक बड़ा फर्क है। जानवर यदि श्रेष्ठ बन जाए तो भी रहेगा जानवर ही। भगवान् ने सिर्फ मनुष्य को यह मौका दिया है कि वह अपने आचरण को श्रेष्ठ करके देवत्व को प्राप्त कर ले और उससे ऊपर भगवत्ता को भी पा ले।

अपनी ही सीमाओं के पार जाने की असीम संभावनाएं केवल मनुष्य में हैं।

मनुष्य योनि में गौरव के साथ यातना और पीड़ा की बात यह है कि काम, क्रोध, मद, लोभ ये दुर्गुण भी मनुष्य को ही सताते हैं, पशुओं को नहीं सताते। अब प्रश्न यह है कि जब इन दुर्गुणों से घिर जाएं तो कैसे बचें? इन्हीं के उत्तर हनुमानजी अपनी मानव लीला के माध्यम से देते हैं।

श्रीहनुमान चालीसा में क्रम से यह स्थापित हुआ है कि हनुमानजी ज्ञान के संदर्भ में प्रकाण्ड विद्वान्, भक्ति के श्रेष्ठतम उदाहरण और सर्वोत्तम निष्काम कर्मयोगी हैं।

हनुमानजी ने अपने चरित्र से यह स्थापित किया है कि ज्ञान, अहंकार रहित होना चाहिए। परमात्मा के निकट जाने की एक शर्त निरहंकारिता भी है। भक्ति के तो हनुमानजी सर्वोत्तम उदाहरण हैं। मन के भावों में जब प्रेम का अंकुरण हो और जब प्रेम समग्र के लिए होने लगे तब वह भक्ति बन जाता है।

इस तरह श्रीहनुमान चालीसा उनका यशगान है। यशगान एक तरह की उपासना होती है। इसीलिए गाते हैं। इसका उद्देश्य यह रहता है कि जिनके सद्गुणों की हम उपासना कर रहे हैं, उनके वे सद्गुण हमारे जीवन में भी उतर आएं।

उपासना का एक अर्थ होता है पास में बैठना। भगवान् के बहुत पास, अति निकट बैठना। लेकिन शर्त यह है कि उपासना स्वयं की जाए, स्वयं भगवान् के निकट बैठें तब वह उपासना होगी। उपासना कोई यांत्रिक क्रिया नहीं है। उपासना स्वयं करनी पड़ती है।

आज हमारा सब कुछ तो यंत्रवत् हो गया है। इतना यंत्रवत् कि पूजा एक आदत हो गई है। पूजा स्वभाव होना चाहिए, आदत नहीं। आदत और स्वभाव में बहुत फर्क होता है। अच्छी आदतें सामाजिक व्यवस्था हैं और स्वभाव आध्यात्मिक प्रक्रिया है। इसलिये अच्छी आदतों को तो स्वीकार किया जाए, परन्तु स्वभाव को साधा जाए।

संतों का कहना है परमात्मा आदत से नहीं स्वभाव से मिलता है। श्रीहनुमान चालीसा के प्रति अनेक प्रश्न उठाए जाते हैं। कुछ लोगों का मत है यह क्षेपक है। यह तुलसीदासजी की रचना नहीं है, क्योंकि बहुत सरल लिखी हुई है। यह

There is a great difference between a human and an animal. Even if an animal becomes great, it will remain an animal. God has provided an opportunity only to man that by making his conduct great, he should attain Godhood and thereupon achieve Super Godhood.

It is possible only for man to go beyond his limitations. Along with glory, the sense of torture and pain in human beings is that the vices of Kama (lust), Krodha (anger), mad (pride), Lobha (avarice) etc. torment only man, they do not torment animals. The Question is when one is surrounded by these vices, how one can get rid of them. Hanumanji through his human activities replies to these questions.

In the Shri Hanuman Chalisa it has been established in an orderly manner that Hanumanji in the context of knowledge is a deeply learned man, he is a great example of devotion and the best work, man without any desire.

Hanumanji by his character has established that knowledge should be without pride. One of the condition to go near God is pridelessness. Hanumanji is the best example of devotion. When a sapling of love germinates in the mental sentiments and when the love becomes universal, it is called devotion.

Thus, the Shri Hanuman Chalisa is a song of his reputation. The song of reputation is a kind of prayer. That is why it is sung. The purpose of this is that the person whose virtues we sing, we should imbibe, those virtues in our lives also.

Another meaning of Upasana (prayer) is to sit near. But the condition precedent is that the prayer (upasana) should be done by the self. One should sit near God then the prayer will be effective. Prayer is not a mechanical process, it has to be done by the self.

Today everything of us has become mechanical so much so that worship has become a habit. Worship should be natural not habitual. There is much difference between nature and habit. Good habits constitute a social system and nature is a spiritual process so the good habits should be accepted but nature should be retained.

Saint says that God can be realized by nature and not by habits. Many questions are raised about the Hanuman Chalisa. Some are of the opinion that it is an interpolation. It is not a creation of Tulsidas because it is very simple. It is, true that, the language of the Hanuman Chalisa is very simple. Scholars have not explained it in detail but the

बात सही है कि श्रीहनुमान चालीसा की भाषा बहुत सरल है। विद्वानों द्वारा इसकी बहुत अधिक व्याख्या नहीं की गई है। लेकिन संतों का कहना है श्री रामचरितमानस, श्री हनुमान चालीसा का ही विस्तार है।

श्री हनुमान चालीसा कम लेकिन प्रभावशाली शब्दों में भगवान् को किया गया तार (टेलीग्राम) है। आज की भाषा में इसे ई–मेल या एसएमएस भी कहा जा सकता है। तत्काल भगवान् तक संदेश पहुंच जाएगा।

तुलसीदासजी ने ऐसी ही उपासना की है। ऐसा ही यश गाया है। इसी का नाम है–श्री हनुमान चालीसा।

आइये, प्रवेश करें श्री हनुमान चालीसा में।

saint says that the Shri Ramcharitmanas is an extention of the Shri Hanuman Chalisa.

The Shri Hanuman Chalisa is a telegram sent to God in scanty but influential wordings. In today's language it can be called an E-mail or SMS. The message will reach God instantly.

Tulsidas has done such a worship. He has sung such a song of repute, its name is—the Shri Hanuman Chalisa.

Let us enter the Shri Hanuman Chalisa.

।। श्रीहनुमते नमः।।

श्रीगुरु चरन सरोज रज, निज मनु मुकुरु सुधारि।
बरनउँ रघुबर बिमल जसु, जो दायकु फल चारि।।

बुद्धिहीन तनु जानिके, सुमिरौं पवन–कुमार।
बल बुधि बिद्या देहु मोहिं, हरहु कलेस बिकार।।

श्री गुरुजी के चरण कमलों की रज से अपने मनरूपी दर्पण को साफ करके मैं श्रीरघुनाथजी के उस निर्मल यश का वर्णन करता हूँ जो चारों फलों (धर्म, अर्थ, काम और मोक्ष) को देने वाला है।

गोस्वामी तुलसीदासजी ने श्री हनुमान चालीसा का आरंभ दो दोहों से किया है। श्री गुरु का स्मरण कर चालीसा का आरंभ किया है।

"मन के दर्पण को गुरु की चरण रज से साफ करके, मैं रघुवर के विमल यश का गान करता हूं।" यहां यह भी सोचने की बात है कि कभी धूल से भी कोई वस्तु साफ होती है? बल्कि धूल को ही साफ किया जाता है। लेकिन गोस्वामीजी की अपनी मौलिक दृष्टि है।

वे गुरु के चरणों की रज से अपने मन के दर्पण को साफ कर रहे हैं। तुलसीदासजी की दृष्टि में श्रीरामचरितमानस या श्रीहनुमान चालीसा इतिहास मात्र नहीं हैं। जैसे एक चित्र और दर्पण में अंतर होता है। चित्र सदैव भूतकाल और दर्पण वर्तमानकाल होता है। तुलसीदासजी कहते हैं कि श्री रामचरितमानस दर्पण है, इसमें जब भी देखेंगे हमें अपनी सही और ताजी आकृति दिखाई देगी। इसीलिए यह चित्र नहीं है।

श्री हनुमान चालीसा के आरंभ में गोस्वामीजी ने कहा मन सबसे अच्छा दर्पण है। हम दर्पण क्यों देखते हैं? इसीलिए कि हमारा रूप–शृंगार सुदर्शनीय रहे, हम व्यवस्थित नजर आएं। दर्पण देखकर ही आदमी घर से बाहर निकलता है पर कितने लोग हैं जो अपने मन का दर्पण देखते हैं? क्योंकि उस दर्पण में यदि हम अपना चित्र देखेंगे तो हमें हमारा सत्य प्राप्त होगा।

SHRI HANUMANTE NAMAH

Shriguru charan saroj raj, nij manu mukuru sudhari,
Barnau Raghubar bimal jasu, jo dayaku phal chari.

Buddhiheen tanu janike, sumiro pawan kumar,
Bal budhi bidya dehu mohi, harahu kalesh bikar.

Clearing the mirror of heart with the dust of the feet of my guru, I describe the shining reputation of Shri Raghunathji which gives us the four fruits of life i.e. dharma (duty), artha (money), kama (desire) and moksha (salvation).

Goswami Tulsidasji has begun the Hanuman Chalisa with two couplets. By remembering his guru he has begun the Chalisa.

"After clearing the mirror of heart with the dust of the feet of my guru, I sing the shining reputation of Raghubar." The thing to remember there is whether anything can be cleared by the dust. Instead the dust itself is cleared. But the Goswami has his own original vision.

He is clearing the mirror of his heart with the dust of his guru's feet. In the opinion of Tulsidas the Shri Ramcharitmanas or the Shri Hanuman Chalisa is not only the history. As there is a difference between a picture and a mirror. The picture always represents the past and the mirror represents the present. Tulsidasji says that the Shri Ramcharitmanas is a mirror. Whenever you look into the mirror you can see your correct and fresh features. That is why it is not a picture.

In the begining of the Hanuman Chalisa Goswami says that, mind is the best mirror. Why do we look into the mirror? So that our form and decoration remains good looking, we should look systematic. Man goes out of his abode after looking into the mirror but how many are there who look into the mirror of their mind? Because if we look into that mirror we will get our true picture.

श्रीरामचरितमानस में एक प्रसंग है। अयोध्याकांड के आरंभ में राजसभा का दृश्य है। यह प्रसंग स्वयं–प्रबंधन का एक उदाहरण है। प्रबंधन का एक सूत्र है कि यह आवश्यक है, हम अपनी काबिलियत को जानें, लेकिन साथ में यह भी जरूरी है कि हम अपनी कमजोरियों को भी पहचानें। स्वयं से प्रश्न करें। आज आदमी ने खुद से बात करना बंद कर दिया है। स्वयं से यदि बार–बार प्रश्न करने की प्रवृत्ति बना लेंगे तो एक दिन खुद ही सही उत्तर मिल जाएगा।

सारे लोग श्रीराम के पिता राजा दशरथजी की प्रशंसा कर रहे थे तब गोस्वामीजी कहते हैं कि दशरथजी ने भरी राजसभा में दर्पण देखना आरंभ कर दिया।

रायँ सुभायँ मुकुरु कर लीन्हा।
बदनु बिलोकि मुकुटु सम कीन्हा।।

(राचमा. / अयो.कां. / 1 / 3)

राजा ने स्वाभाविक ही हाथ में दर्पण ले लिया और उसमें अपना मुंह देखकर मुकुट को सीधा किया।

आश्चर्य की बात है दर्पण तो एकांत में, कक्ष में देखा जाता है। दशरथजी यह संकेत कर रहे थे कि जब लोग मेरी प्रशंसा कर रहे हैं तब मैंने तुरंत दर्पण देखा कि मैं इस लायक हूं भी या नहीं? दर्पण में उन्होंने क्या देखा –

श्रवन समीप भए सित केसा।
मनहुँ जरठपनु अस उपदेसा।।

(राचमा, अयो. कांड 1 / 4)

उन्होंने देखा कि मुकुट तिरछा हो गया है और कान के पास के बाल सफेद हो गए हैं। राम को अब राज्य दे देना चाहिए।

राजगद्दी छोड़ने का समय आ गया है। इधर सभासद उनकी प्रशंसा कर रहे थे, आपकी सत्ता बहुत अच्छी है। लेकिन उन्होंने देखा कि मुकुट तिरछा हो रहा है। संकेत की बात यह है कि जब हमारी प्रशंसा हो तब सबसे पहले हम दर्पण देखें। लेकिन दर्पण कौन–सा? मन का दर्पण। और उस मन के दर्पण को साफ किससे किया जाए, श्रीगुरु की चरण रज से। इसलिए श्री हनुमान चालीसा में सबसे पहले गुरु की वंदना की गई है।

"बरनऊँ रघुवर बिमल जसु,
जो दायकु फल चारि।"

ये पंक्तियां श्रीरामचरितमानस में अयोध्याकांड के आरंभ में भी लिखी गई हैं। वहां लिखने की बात तो समझ में आती है, क्योंकि वहां रघुवर का चरित्र कहना था। रघुवर का अर्थ है श्री राम, श्री राम के भाई, रघुवंश के सदस्य।

अयोध्याकांड में यह पंक्तियां इसलिए भी समझ में आती हैं कि आधे अयोध्याकांड में श्रीराम का चरित्र गाया गया है और आधे अयोध्याकांड में भरतजी

There is a reference in the Shri Ramcharitmanas. In the begining of Ayodhyakand (canto) the scene is of the royal court. This reference is an example of self management. A necessary formula of Self management is that we should be aware of our abilities as well as our weaknesses. We should question ourselves. Today man has ceased to talk to himself. If we develope a tendency to question overselves, one day we will find the correct answer.

Everybody was applauding Dashrathji (Father of Shri Ram). The Goswami says that in that royal court which was full of people Dashrathji started looking into the mirror.

Rai subhay mukuru kar leenha,
Badnu biloki mukutu sam keenha.

(RCM./A.K. 1/3)

The king naturally took a mirror in his hand and seeing his face there adjusted his crown straight.

It is surprising. One looks into a mirror all alone, in a room. Dashrathji wanted to indicate that when everybody was singing peans of praise of him, he looked at once into the mirror to ascertain whether he was worthy of it or not. What did he see into the mirror?

Shravan sameep bhaye sit kesa,
Manahu jarathpanu as updesa.

(RCM./Ayok/1/4)

He saw that the crown was bent, the hair above the ear were grey. Time was come to hand over charge of the state to Rama.

Time was come to relinquish state power. On the other hand the courtiers were showering praise on him that his rule is the best. But he saw that, the crown was bent. Indication is that when we are applauded, we should look into the mirror. But what mirror? Mirror of heart and how to clean the mirror of heart with the dust of the feet of guru. This is why in the Shri Hanuman Chalisa guru has been invoked first.

"Barnahu Raghuvar bimal jasu,
Jo dayaku phal chari."

These lines occur in the begining of Ayodhyakand also. It is understandable to have been written there because there the character of Raghuvar was to be delineated. Raghuvar means Shri Rama, his brothers and other members of Raghuvansha.

These lines are also understandable in Ayodhyakand because in

का यशगान किया गया है। किंतु श्री हनुमान चालीसा के आरंभ में इन पंक्तियों को लिखने की क्या आवश्यकता रही? हनुमानजी रघुवंश के सदस्य तो थे नहीं।

यदि हम श्री रामचरितमानस के वंदनाक्रम को स्मरण करें तो देखेंगे कि गोस्वामीजी ने पहले भरतजी फिर लक्ष्मणजी फिर शत्रुघ्नजी की वंदना की है। लेकिन सीताजी की वंदना के पूर्व वहां एक चौपाई और एक सोरठे में हनुमानजी का वंदन किया गया है।

महाबीर बिनवउँ हनुमाना।
राम जासु जस आप बखाना।।

(राचमा. / बा.कां. / 16 / 5)

मैं महावीर श्री हनुमानजी की विनती करता हूँ जिनके यश का श्रीरामचंद्र जी ने स्वयं वर्णन किया है।

प्रनवउँ पवनकुमार खल बन पावक ग्यान घन।
जासु हृदय आगार बसहिं राम सर चाप धर।।

(राचमा. / बा.कां. / 17)

मैं पवनकुमार हनुमानजी को प्रणाम करता हूँ। जो दुष्ट रूपी वन को भस्म करने के लिए अग्निरूप हैं। जो ज्ञान की घनमूर्ति हैं और जिनके हृदय रूपी भवन में धनुष–बाण धारण किए श्रीराम जी निवास करते हैं।

इस प्रकार भाइयों की वंदना पहले की गई फिर हनुमानजी की वंदना हुई और उसके बाद सीताजी और रामजी की वंदना आई है।

तुलसीदासजी ने ऐसा इसलिए किया कि हनुमानजी, सीताजी के पुत्र हैं। सुंदरकांड में सीताजी ने हनुमानजी को सुत (पुत्र) कहा है।

हैं सुत कपि सब तुम्हहि समाना।
जातुधान अति भट बलवाना।।

(राचमा. / सुं.कां. / 15 / 3)

सीता जी ने कहा, "हे पुत्र! सब वानर तुम्हारे ही समान नन्हे–नन्हे होंगे, राक्षस तो बड़े बलवान् योद्धा हैं।"

सीताजी ने हनुमानजी को पुत्र माना है। यह प्रसंग तब घटा था जब वे लंका में अशोक वाटिका में थीं और उनकी खोज करने के लिए हनुमानजी वहां पहुंचे थे।

गोस्वामीजी का मानना है कि पवनसुत इस परिवार के पुत्र हैं, सदस्य हैं। अतः मानस में इनकी वंदना रामजी और सीताजी के पहले आई और इसीलिए इन्हें रघुवंश के सदस्य के रूप में माना है।

गोस्वामी जी ने श्रीहनुमान चालीसा के आरंभ में ही 'गुरु चरण' का

the half of it the character of Rama and in the another half reputation of Bharata have been described. But why were these lines written in the beginning of the Shri Hanuman Chalisa. Hanumanji was not the member of Raghuvansha.

If we look into the order of obeisance in the Shri Ramcharitmanas, we find that the Goswamiji has first paid his obeisance to Bharata, then to Laxmana and then to Shatrughna. But before the obeisance of Sitaji he has paid obeisance to Hanumanji by means of a verse and a couplet.

Mahabir binvau Hanumana,
Ram jaasu jas aap bakhana.

(Ram/B/K/16/5)

I pray to Mahabir Hanuman whose reputation has been described by Shri Ramchandra himself.

Pravanaun Pawankumar khal ban pawak gyan ghan,
Jaasu hriday aagaar bashi Ram sar chaap dhar.

(Ram/RCM/B.K./17)

I bow to Pawankumar Hanuman, who is like fire to burn down the forest of wicked people, who is like a cloud of knowledge, in whose heart Shri Ram resides with his bow and arrow.

Thus, first of all brothers have been praised then Hanumanji, then Sitaji and Ramji have been worshipped.

Tulsidas did so because Hanuman is son of Sita. In Sundarkand (canto) Sita has addressed Hanuman as her son.

Hain Sut kapi sab tumhi Samana,
Jatudhaan ati bhat balvana.

(RCM./Su.K./15/3)

Sita said, "O son, all the monkeys might be short like you where as the demons are very powerful."

Sita has treated Hanuman as her son. This happened when she was at Ashokavatika in Lanka and Hanumanji reached there in search of her.

The Goswamiji considers that Pawansut is a son of this family, a member of the family. Hence his worship in the Manas occurs before Shri Ram and Sitaji and that is why he is considered to be a member of Raghuvansha family.

The Goswamiji, in the very beginning of the Shri Hanuman Chalisa has remembered the feet of guru and has taken shelter there under. According to scholars there are six degrees of taking or

स्मरण कर श्री गुरु की शरण ली है। विद्वानों के अनुसार शरणागति के 6 अंग होते हैं।

1. आनुकूल्यस्य संकल्प – जो कुछ भी विषय और माध्यम भगवत् प्राप्ति में सहायक हों उन्हें अच्छी तरह से समझना।
2. प्रतिकूल्यस्य वर्जनम् – भगवान् की प्राप्ति में जो भी विषय या माध्यम बाधा हो उन्हें त्याग देना।
3. रक्षिष्यतीति विश्वास – ऐसा सुदृढ़ विश्वास हो कि भगवान् मेरी रक्षा अवश्य ही करेंगे।
4. गोप्तृत्व वरणं – सदैव यह प्रार्थना करते रहना कि हे भगवान्! मेरी रक्षा करो।
5. आत्म निक्षेप – अपनी सारी प्रवृत्तियों का एक मात्र उद्देश्य रहे– भगवान् को प्रसन्न रखना।
6. कार्पण्य – अपनी असमर्थता और दीनता को भगवान् के सामने सदैव प्रकट करना।

गोस्वामीजी जानते थे कि कलयुग तत्काल में जीने का युग है। मनुष्य को सब कुछ तुरन्त चाहिए। इसीलिए उन्होंने "जो दायकु फल चारि..." लिखा।

सामान्यतः ग्रन्थ की फलश्रुति अंत में वर्णित होती है। पर श्रीहनुमान चालीसा का फल पहले ही लिख दिया गया है। गोस्वामी तुलसीदास जी की यह पहली और स्पष्ट घोषणा है कि धर्म, अर्थ, काम और मोक्ष रूपी चार फल चालीसा के स्मरण से तुरन्त प्राप्त होंगे।

बुद्धिहीन तनु जानिके,
सुमिरौं पवन कुमार।
बल बुद्धि विद्या देहु मोहिं।
हरहु कलेस बिकार।।

हे पवनकुमार! मैं अपने को बुद्धिहीन जानकर आपका स्मरण कर रहा हूँ। आप मुझे बल–बुद्धि और विद्या प्रदान करके मेरे समस्त कष्टों और दोषों को दूर करने की कृपा कीजिए।

यहाँ गोस्वामीजी ने हनुमानजी से बल, बुद्धि, विद्या चाही है। इसका आध्यात्मिक पहलू यह है कि बुद्धि बच्चे में, बड़े में, कम समझदार में, ज्यादा समझदार में सभी में होती है, लेकिन भक्ति की यात्रा में बुद्धि बाधक बन जाती है। भक्ति ह्रदय से होती है। गोस्वामीजी ने कहा है कि मैं बुद्धिहीन हूं मुझे ऐसी बुद्धि देना जो भक्ति के मार्ग में बाधक नहीं, साधक बने।

यहां बुद्धिहीन के साथ तनु शब्द जोड़ा है। तुलसीदासजी ने तन के मामले

obtaining shelter.

1. Aanukulyasya Sankalpa	=	Whatever means are helpful in attainment of God, should be understood well.
2. Pratikulyasya Varjanam	=	To shun all those things which create obstacles in attainment of God.
3. Rakshisyateeti Vishwas	=	Firm belief that God will surely protect me.
4. Goptritwa Varanam	=	Always praying that God will save me.
5. Atma Nikshep	=	The only aim of all the tendencies should be to keep God in good humour.
6. Kaarpanya	=	To make ones inability and misery clear before God.

The Goswami knew that the kalyuga is the age of instant living. Man requires everything at once. That is why he wrote, "Jo dayaku phal chari."

Usually, the conclusion of any book comes at the end of it but the result of the Shri Hanuman Chalisa has been given in the beginning. The first and candid declaration of Goswami Tulsidas is that the four fruits of dharma, artha, kama and moksha will at once be available merely by remembering of the Shri Hanuman Chalisa.

Buddhiheen tanu janike,
Sumiro Pawan kumar
Bal, budhi, vidya dehu mohi
Harahu kalesh bikar.

O Pawankumar ! knowing that I am without intelligence, I am invoking you to provide me with power, intelligence and learning and remove from me all the sufferings and evils.

Here the Goswamiji has sought from Hanumanji power, intelligence and learning. The spiritual aspect of it is that every child, adult, less or more intelligent person has some amount of intelligence but in the journey towards devotion intelligence becomes an obstacle. Devotion comes from heart. The Goswamiji has said that, he is without intelligence. Give me that intelligence which should not create any

में भी स्वयं को हीन बताया। लोग तन को ही सब कुछ मानते हैं यह भी एक तरह की हीनता है। यहां इसी बात की तरफ संकेत किया गया है।

आज के युग में किसी की दृष्टि में यदि आप योग्य होना चाहें तो, आपके पास तीन प्रमाण होना चाहिए–विश्वसनीयता, समर्पण और निरंतरता। यहां श्री हनुमान से बल, बुद्धि, विद्या तीनों की एक साथ जो मांग की गई है उसके पीछे सूत्र यह है कि बुद्धि विश्वसनीय हो। बल में समर्पण भाव रहे और विद्या निरंतर यानी सक्रिय रहे, जड़ न हो।

आगे लिखा है कृपा करके हमारे क्लेश और विकार हर लीजिये। क्लेश पांच प्रकार के होते हैं – अविद्या, अस्मिता, राग, द्वेष, अभिनिवेश (मृत्यु का भय)। क्लेश का मतलब है जो पीड़ा पहुंचाए।

इसी प्रकार काम, क्रोध, लोभ, मोह, मद और मत्सर से छह विकार हैं। विकार का मतलब जो हमें हमारे लक्ष्य से भटकाएं।

'मैनेजमेंट बाय ऑब्जेक्टिव' यह सूत्र जीवन–प्रबंधन पर भी लागू होता है। हम अपने आब्जेक्टिव (लक्ष्य) को ठीक से समझें। *यदि हम विकारों में जकड़ गए तो आज के प्रबंधन की भाषा में जिसे 'कोर परपस' कहते हैं, हम उससे भटक जाएंगे।*

श्रीहनुमान चालीसा हमें क्लेश और विकारों से मुक्त करती है।

जिस प्रकार रामायण श्रीराम चरित्र के लिए है, भागवत श्रीकृष्ण चरित्र के लिए है, उसी प्रकार पाराशर संहिता श्रीहनुमान चरित्र के लिए है। इसमें हनुमानजी की संपूर्ण महिमा समाहित है।

तुलसीदासजी द्वारा परिष्कृत अवधी भाषा में रचित श्रीहनुमान चालीसा गागर में सागर है।

obstacles in the journey towards devotion but it should be helpful in it.

Here the word tanu (body) has been added with the word budhiheen (without intelligence). Tulsidas has said that his body is also worthless. People consider the body to be everything. This is also a kind of worthlessness. Here indication has been given towards this.

In this age if you want to prove your ability in the opinion of anyone, you should have three proofs—trust, dedication and continuity. Here the three things power, intelligence and learning have been demanded from Hanumanji. The formula behind this is the intelligence should be trustworthy, there should be dedication in power and there should be continuity in learning i.e. it should be active not stagnant.

Further he writes that, his sufferings should be removed. Sufferings are of five kinds. Avidya (foolishness), Asmita (vanity), rag (attachment), Dwesha (jealousy), abhinivesh (fear of death). Klesha (suffering) means that which inflects pain.

Similarly kama (lust), krodh (anger), lobha (greed), moha (attachment), mada (pride) and matsar (envy) are the six perversions. Vikar means anything which dissuades us from our goal.

"Management by objective", this formula applies to life management also. We should understand our objective rightly. *If we get entangled in perversions, then in the language of today's management what is called "core purpose," we will deviate from it.*

The Shri Hanuman chalisa makes us free from sufferings and perversions.

As the Ramayana is for the character of Rama, Bhagwat is for the character of Krishna, Parashar sanhita is for the character of Shri Hanuman. It contains all the greatness of Hanuman.

The Hanuman Chalisa created by Tulsidasji in the refined Avadhi language is like an ocean in a pitcher.

1

जय हनुमान ज्ञान गुन सागर।
जय कपीस तिहुँ लोक उजागर।।

ज्ञान और गुण के सागर श्री हनुमान आपकी जय हो। आप की कीर्ति से तीनों लोक (स्वर्ग, भू और पाताल लोक) प्रकाशित हैं। हे कपीश्वर, आपकी जय हो।

जयकारा के साथ चालीस चौपाइयों का आरंभ किया गया है। यूं तो हनुमानजी के अनेक नाम हैं। परन्तु तुलसीदासजी को हनुमान नाम विशेष प्रिय है। वाल्मीकि रामायण में एक कथा आती है। बालपन में पवनसुत ने सूर्य को फल समझकर, अपनी भूख मिटाने के लिए मुंह में रख लिया। सारे जगत् में अंधियारा छा गया। तब इन्द्र ने क्रोधित होकर बाल पवनसुत पर वज्र से प्रहार किया। ये मूर्छित होकर गिर पड़े और इनकी बायीं हनु की हड्डी टूट गई। हनु (ठोड़ी) टूटने के कारण इनका नाम हनुमान हो गया।

आगे तुलसीदासजी ने बहुत सावधानी से शब्दों का चयन किया है। कहा है आप ज्ञान और गुण के सागर हैं। मंदिर नहीं कहा है, सागर कहा है। सागर और मंदिर में यह अंतर है कि यदि पवित्र न भी हों तो सागर में स्नान करें और फिर मंदिर में प्रवेश करें। मंदिर में पवित्र होकर जाना पड़ता है और सागर में पवित्र होने जाना पड़ता है।

यहां ज्ञान के साथ गुण को जोड़ा गया है। *ज्ञानी को दुर्गणों से दूर रहना चाहिए।* इन्हें ज्ञान का सागर बताया है। हनुमानजी ने सूर्य देव से ज्ञान प्राप्त किया था।

कथा है कि माता–पिता की आज्ञा से जब हनुमानजी विद्याध्ययन करने सूर्यदेव के पास गए तब भगवान भास्कर ने कहा–"मैं अपने रथ को बिना रोके भ्रमण करता हूँ, ऐसी स्थिति में तुम्हें ज्ञान देना तो दूर मैं तुमसे बात भी नहीं कर सकता।"

पवनसुत ने उत्तर दिया "हे भगवन्! मुझे कोई बाधा नहीं है, मैं आपके रथ

1

Jai Hanuman gyan gun sagar,
Jai kapees tinhu lok ujagar.

Jai (victory) to Hanuman who is the ocean of knowledge and virtue. By his reputation the three lokas (heaven,earth and hades)are brightened. Kapeeshwar (lord of monkeys) victory be with you!

Beginning of the forty verses is made with the wish that victory be with Shri Hanuman. Though Hanumanji known by many other names also but Tulsidasji loves to call him by the name of Hanuman. There is a story in the Ramayan of Valmiki. When as a child Pawansut (son of the wind God) in order to satisfy his hunger, misunderstanding it to be fruit, swallowed the Sun God. The whole world was sunk into darkness. Indra (the king of Gods) became furious and struck the child Pawansut with his bajra (weapon). He fell and become unconscious. His left jaw bone was broken. Since jaw bone is called hanu he is known by the name of Hanuman.

Subsequently Tulsidas has selected terminology very cautiously. He says that you are the ocean of knowledge and virtue. He has avoided the word temple and used the word ocean. There is a difference between an ocean and a temple that if you are clean you can have a dip into the ocean and then you can enter the temple after being cleaned and you have to go to the ocean for being cleaned.

Here gun (quality) has been added to knowledge. *A learned man should keep away from vices.* Hanumanji acquired knowledge from the Sun God.

Story goes that with the permission of his parents when Hanumanji went to the Sun God for taking lessons, the sun god said, "I travel without stopping my chariot, under such a circumstance I am not in a position to talk to you let alone teach you."

के आगे–आगे इसी वेग से आपके सन्मुख रहकर चलता रहूंगा।'' इस प्रकार ऐसे दुर्लभ प्रयास से हनुमानजी ने सूर्यदेव से विद्या प्राप्त की थी।

''जय कपीस तिहुँ लोक उजागर'' में हनुमानजी को कपीस कहा गया है। कपीस क्यों कहा गया होगा? कपीस यानी वानरों के राजा। कपीस तो बाली थे, सुग्रीव थे, हनुमानजी तो मंत्री थे। लेकिन **गोस्वामीजी की परिभाषा है कि जो लोगों के हृदय पर राज करे, वह राजा है।** हनुमानजी आज सबके हृदय पर राज कर रहे हैं इसलिए उन्हें कपीस कहा गया है।

सीताजी की शोध के बाद जब हनुमानजी सभी वानरों के साथ लंका से लौटे तब सुग्रीव से उनकी (हनुमान की) प्रशंसा करते हुए वानरों ने कहा था, ''नाथ काजु कीन्हेउ हनुमाना। राखे सकल कपिन्ह के प्राना।। (राचमा./सु.कां./ 28/3)

हे नाथ ! हनुमानजी ने ही सब कार्य किया और सारे वानरों के प्राण बचा लिए। वे सभी वानरों के प्राण–रक्षक हैं इसलिए भी इन्हें कपीश का संबोधन दिया है।

Son of the wind god replied, " O God! there is no obstacle for me. I can move ahead of your chariot with the same speed keeping you before me." Thus, by means of such a rare effort Hanumanji acquired knowledge from the Sun God.

In " Jai kapees tinhu lok ujagar" Hanumanji has been called kapees. Why has he been called kapees i.e. the king of monkeys. Kapees was Bali, Sugreeva. Hanumanji was secretary but the **Goswami defines that one who reigns over the heart of everyone is a king.** Hanumanji has been reigning over the heart of every one, he is therefore kapees.

After searching Sitaji when Hanumanji returned from Lanka, with all monkies. That time monkies praising him said to king Sugreeva,"Nath kaaju kinheu Hanumana, Rakhe sakal kapinh ke prana." (Ramcharitmanas S. K. no. 28/3)

O Lord! Hanumanji has accomplished everything and thus he has saved the lives of all the monkeys. He is the saviour of the lives of all the monkeys that is why he is called kapees.

2

रामदूत अतुलित बल धामा।
अंजनि–पुत्र पवनसुत नामा।

हे पवनसुत अंजनि नंदन! आप श्रीराम के दूत हैं, आपके समान दूसरा कोई बलवान् नहीं।

गोस्वामीजी को हनुमान के साथ पवनसुत नाम भी बहुत प्रिय है। आरंभ में ही हनुमानजी के पद का उल्लेख किया गया है, वे 'रामदूत' हैं। यही उनकी सबसे बड़ी विशेषता और सबसे ऊँचा ओहदा है।

दूत के रूप में उनमें तीन खूबियां हैं। एक–चमकदार नेतृत्व (सीता शोध में वानरों का नेतृत्व किया) दो–जिम्मेदारी का भरपूर एहसास (वानरों के सामने सबसे बड़ी समस्या थी समुद्र कौन लांघे? तब यह जिम्मेदारी इन्होंने उठाई।) तीन–आक्रामक वचनबद्धता (श्रीराम को वचन दिया था कि मूर्छित लक्ष्मणजी के लिए समय पर औषधि ले आऊंगा)।

आज के समय में प्रबंधन से जुड़े लोगों का मानना है कि एक अच्छे प्रतिनिधि की भूमिका में रहते हुए **एक अच्छे प्रबंधक में स्टार लीडर, रिसपोन्सिबल एक्टिविस्ट तथा एग्रेसिव कमिटमेंट की क्वालिटी होना चाहिए।**

जीवन प्रबंधन के ये गुर श्रीहनुमान चालीसा में आरंभ में ही समझा दिए गए हैं।

किसी भी व्यक्ति के समुचित व्यक्तित्व के पीछे मां की शिक्षा और आशीर्वाद का बड़ा हाथ होता है, दूसरी ही पंक्ति में मां अंजना को स्मरण करते हुए मातृशक्ति को सम्मान दिया है।

एक कथा है कि इन्द्र के यहां एक बहुत चंचल अप्सरा पुंजिकस्थला ने ऋषि का परिहास किया तो उसे शाप मिला कि भूमि पर जाकर वानरी हो जा। वह अप्सरा वानरराजा कुंजर की पुत्री के रूप में अंजना के नाम से पैदा हुई।

ये उस प्रकार के वानर नहीं थे जैसे आज पृथ्वी पर पाए जाते हैं ये उपदेवों की एक जाति थी। यह जाति किंपुरुषों में मानी जाती है। इनके पूंछ तो होती

2

Ramdoot atulit bal dhama, Anjaniputra Pawansut nama.

O Pawansut son of Anjani! you are an ambassador of Shri Ram. There is no other man stronger than you.

The Goswamiji likes very much the name Pawansut along with Hanuman. In the very beginning Hanumanji has been mentioned as an ambassador to Shri Ram. This is his speciality and the highest rank.

As an ambassador he has three qualities.

One – Shining leadership (he led the monkeys during the search of Sita).

Two – Complete attention towards responsibility (the greatest problem before the monkeys was as to who should crossover the sea. This responsibility was taken over by him).

Three – Aggressive commitment (he had promised to Rama that he would bring the medicine on time for Laxman who was in the state of unconsciousness.)

The people associated with today's management consider that working **in the role of a good manager should be a star leader, responsible activists and he should have the quality of aggressive commitment.**

The formulae of life management have been explained in the beginning of Shri Hanuman Chalisa.

Behind the proper personality of a man the education and blessings imparted by his mother plays a vital role. In the very second line of the verse by remembering mother Anjana mother's power has been honoured.

A story goes that a very lively fairy Punjiksthala of Indra made a

है किन्तु आकृति मनुष्यों जैसी रहती है।

देवी अंजना ने खूब तप किया। शिव-पार्वती विवाह के पश्चात् एक बार शिवजी के अंश को कौन संभाल कर रखे यह समस्या पैदा हो गई। शिव के तेज वीर्य को न पार्वती ग्रहण कर सकी न पृथ्वी। तब वायु ने इसे धारण किया और फल के प्रसाद के रूप में तपरत अंजना को प्रदान किया। इस प्रकार हनुमानजी का जन्म हुआ और वे आंजनेय कहलाए।

पवनसुत इसलिए कहा गया है कि वे पवन के पुत्र हैं। पवन (हवा) की एक विशेषता होती है कि वे सबकी सेवा करते हैं लेकिन दिखते नहीं।

पंचतत्त्वों में बाकी जितने तत्त्व हैं—आकाश, जल, पृथ्वी, अग्नि—ये सब दिखते हैं। इन सब तत्त्वों के बिना हमारा काम कुछ समय चल भी सकता है। लेकिन जिसके बिना एक क्षण नहीं चले, बिना दिखे सबकी सेवा करे, ऐसे निस्वार्थ मौन सेवक हैं पवनसुत।

हमारे लिए सबसे बड़ी शिक्षा की बात यह है कि जिनके गुण तीनों लोक में उजागर हों, पवन रूप में सबकी सेवा में रत हों उन्हें रत्तीभर भी अहंकार नहीं है, इसीलिए वे सकल गुणनिधान हैं। इस चौपाई के अंत में 'नामा' शब्द प्रयोग किया है।

हनुमानजी के रोम–रोम में राम नाम बसा है इसलिए इन्हे नामा संबोधित किया।

monkey of a Rishi. She recieved a curse that she go to the earth and become a monkey. That fairy was born as a daughter of the king of monkeys Kunjar. Her name was Anjana.

They were not the monkeys as are found on the earth now-a-days. It was a race of Semi God and this race is supposed to be of semi humans. They have tail but their form resembles humans.

The goddess Anjana made a great penance. After the marriage between Shiva and Parvati once a problem arose as to who could preserve the discharge of Shiva. The hot semen of Shiva could not be sustained either by Parvati or the earth. The wind God retained it and provided it to the penitant Anjana as fruit of her labour. Thus Hanumanji was born and he was called Anjaneya.

He is called Pawansut because he is Son of the wind God. It is a quality of the wind that he serves everybody but remains invisible.

The other elements i.e. the sky, the water, the earth and the fire are visible. We can pull on for some time without these elements but without which not a single moment can be passed, which serves invisibly such a selfless and silent servant is Pawansut.

The biggest lesson we can learn from him that his virtues are clear to the whole world. He remains servant to the whole world but he is not proud of him in the least. That is why he is the home of all virtues. In the end of this verse the word 'nama' has been used.

Hanumanji's body bristles with the name of Rama that is why he is called nama.

3

महाबीर बिक्रम बजरंगी।
कुमति निवार सुमति के संगी।।

हे महावीर बजरंगबली! आप तो पराक्रम वाले हैं। आप कुबुद्धि को नष्ट करते हुए उसे सद्‌बुद्धि में बदल देते हैं।

यहां इन्हें महावीर कहा है। वीर तो और भी हैं। कोई रणवीर होता है, कोई दानवीर होता है, कोई कर्मवीर होता है, लेकिन जो सारे वीरों में वीर हो, वह महावीर है।

ग्रन्थों में वीर रस के चार भेद बताए गए हैं– दान, दया, युद्ध और धर्म। श्रीहनुमान चारों में पारंगत हैं।

'बिक्रम बजरंगी', कहा गया है। कई लोग बलशाली होते हैं, लेकिन उनमें पराक्रम नहीं होता। बल और पराक्रम में अंतर है। ये बलशाली भी हैं और पराक्रमी भी हैं। बजरंगी यानी जिसका शरीर वज्र का है, 'स्टील बॉडी'।

हनुमानजी तीन तरह से अपना अंगबल प्रदर्शित करते हैं। 1. पादाघात (लात मारना) 2. लंगूलाघात (पूंछ से मारना) 3. मुष्टिघात (मुट्‌ठी से मारना)

'कुमति निवार सुमति के संगी' कहने में कुमति और सुमति का अंतर भी स्पष्ट है। जो बुद्धि परमात्मा की ओर ले जाए वह सुमति है और जो बुद्धि परमात्मा से दूर करे, वह कुमति है।

भक्त होने के लिए जिस सुमति की आवश्यकता है हनुमानजी उसके आचार्य हैं। इनके आचरण से हमें यह संकेत मिलता है कि परमात्मा से जुड़कर बुद्धि 'भक्ति' बन जाती है और संसार से जुड़कर 'आसक्ति' बन जाती है।

3

Mahabeer Bikram bajrangi,
Kumati niwar sumati ke sangi.

O Mahabeer Bajrang Bali! you are valiant. You destroy depravity and change it into a pure disposition of nature.

Here he has been called Mahaveer. There are other veeras (brave) people such as ranveer (valour in the battle field), daanveer (valour in giving alms), karamveer (valour in doing one's duty) but the one who is brave among all these brave people is called Mahaveer.

There are four variations of the sentiment of bravery in the books. They are—daan (donation), daya (kindness), yudha (battle) and dharma (religion). Hanumanji is well versed in all the four.

He is called "Vikram bajrangi." there are people who are strong but they lack valience. There is a difference between strength and valour. He is strong and full of valour too. Bajrangi is one who has a "body of steel."

Hanumanji uses strength of his body by three activities. 1. Padaghat (blow by foot), 2. langulaghat (blow by tail), 3. mustighat (blow by fist).

In saying "Kumati niwar sumati ke sangi," the difference between kumati (depravity) and sumati (pure disposition) is clear. The disposition which takes us towards God is sumati and the disposition which takes us away from God is kumati.

Sumati which is required to be a devotee, Hanumanji is the master of it. By his conduct it is indicated that by associating with God our disposition becomes "devotion", and by associating with the world it becomes "attachment."

4

कंचन बरन बिराज सुबेसा।
कानन कुंडल कुंचित केसा।।

प्रभु! आप सुनहरे रंग वाले सुन्दर वस्त्र धारण किए हुए और घुँघराले बालों वाले हैं। कानों में कुंडल पहने, अपने भक्तों को दर्शन देते हैं।

—हनुमानजी का कितना सुंदर वर्णन कर रहे हैं गोस्वामीजी। हनुमानजी हमेशा पूरी तैयारी से रहते हैं। उनकी दृष्टि में ब्रह्मचारी होने का यह अर्थ नहीं कि औघड़ जैसे रहें। वे शरीर के सौंदर्य के प्रति जागरूक हैं। सुसज्जित रहने का स्वभाव भी एक गुण है।

वे यह नहीं कहते कि जो ब्रह्मचर्य का पालन करे वह सौंदर्यबोध को ठुकरा दे।

कितना अच्छा श्रृंगार किया है। 'कंचन बरन....' सोने के जैसा सुगन्धित शरीर है, कानों में कुंडल पहने हुए हैं, घुंघराले बाल हैं। हनुमानजी बहुत व्यवस्थित रहते हैं, आखिर वे श्रीराम के प्रतिनिधि जो हैं।

हनुमानजी के श्रृंगार के वर्णन के पीछे जीवन का एक बहुत बड़ा दर्शन छुपा है। यह सही है कि शरीर में आसक्ति न हो पर उसके महत्त्व को भी नकारा न जाए। शरीर पर टिकें ना, पर उसके सहारे को छोड़ें भी नहीं।

मानव के समूचे विकास और उपयोगिता में देह भी प्रमुख भूमिका रखती है।

व्यावहारिक दृष्टिकोण से हम देखे कि इन दिनों बड़ी–बड़ी कंपनियों में फायनेंशियल इन्वेस्टमेंट, फिजीकल इंवेस्टमेंट के साथ–साथ, बल्कि इनसे भी ज्यादा ह्यूमन इन्वेस्टमेंट पर जोर दिया जा रहा है।

'सम्पूर्ण मानव' किसी भी कारपोरेट जगत् की सबसे बड़ी पूंजी है और मानव की सम्पूर्णता में देह खासी भूमिका रखती है। इन पंक्तियों में सुसज्जित देह को स्वीकृति दी गई है वह भी एक ब्रह्मचारी के वर्णन से।

श्रृंगार जब संयम से जुड़ जाए तो अद्भुत रूप ले लेता है और सुदर्शनीय हो जाता है।

4

Kanchan baran biraj subesa,
Kanan kundal kunchit kesa.

Prabhu! You have golden colour, your apparel is beautiful, your hair is curly. You wear large ring in your ears, thus you appear before your devotees.

How beautiful is the description of Hanuman given by the Goswami. Hanumanji always remains well prepared. In his view to be a brahmachari does not mean that he should live like an ascetic. He is conscious of bodily attraction. Nature to remain well dressed is also a virtue.

He does not say that a brahmachari should abstain from aesthetics.

How beautifully, he has decorated himself. "Kanchanbaran" he has a golden and perfumed body. He wears large rings in ears. He has curly hairs. Hanumanji remains very systematic, afterall he is a representative of Shri Rama.

Behind the description of Shri Hanuman's decoration lies a great philosophy of life. It is true that there should not be attachment for the body but its importance can not be denied. One should not abide by the body but its support can not be done away with.

In the entire development and utility of homosapiens body has played important role.

If we look from a practical angle, now-a-days in big companies along with financial investment and physical investment much emphasis is being laid on human investment.

A **"complete man" is the biggest capital of corporate world and in the completeness of man body has an important role.** In these lines a well dressed body has been accepted and that too in the description of a brahmachari.

Decoration when associated with restraint takes a wonderful form and becomes good looking.

5

हाथ बज्र औ ध्वजा बिराजै।
काँधे मूँज जनेऊ साजै।।

आपके हाथ में वज्र और ध्वजा हैं, गले में मूंजों की माला और कंधे पर जनेऊ पहने हुए हैं।

एक हाथ में आपके वज्र है और एक हाथ में आपके ध्वज (धर्म का प्रतीक) है। ये सामुद्रिक लक्षण हैं, शुभचिह्न हैं। हनुमानजी कहते हैं कि शरीर पर शुभचिह्न धारण करना चाहिए।

ये सदैव गदा लिए हुए होते हैं। गदा भगवान् विष्णु के हाथ में भी होती है, कुंडल भी होते हैं। ये शुभचिह्न केवल शृंगार के लिए नहीं, शुभ भाव के लिए भी आवश्यक हैं।

यूं तो हनुमानजी ब्रह्मचारी हैं पर इनका यश जिस कांड में गाया गया है उसका नाम ही सुंदरकांड है। हनुमानजी कहते हैं कि सुंदरता को स्वीकार किया जाना चाहिए। परमात्मा के बोध के लिए सौंदर्यबोध भी आवश्यक है। कोई कहे कि ब्रह्मचारी को सुंदरता से क्या लेना देना? लेकिन ये कहते हैं कि जीवन संपूर्ण रूप में सुंदर होना चाहिए।

सुंदरकांड में कई बार सुंदर शब्द आया है–उद्‍बोधन सुंदर, कथा सुंदर, मुद्रिका सुंदर।

लेकिन हनुमानजी के लिए सुंदरता का क्या अर्थ है। सत्यम् शिवम् सुंदरम्। बस वही सुंदरता है, जिसमें श्रीराम और सीताजी हों।

अंजनीनन्दन के हाथों में ध्वजा और वज्र होने का एक आध्यात्मिक चिन्तन भी है। श्रीराम के पैरों में जैसी रेखाएं हैं, वैसी श्री हनुमान के हाथों में है। श्री रामचरितमानस में चर्चा आती है कि–"रेख कुलिस ध्वज अंकुस सोहे" (बा. का./198/2) अध्यात्म रामायण के अरण्यकांड में वर्णन है कि श्रीराम के पैरों में बने पद्‌म, वज्र, अंकुश रेखा के चिह्न गोदावरी नदी के तट पर जब शूर्पणखा ने देखे, तब वह मोहित हो गई थी।

5

Hath bajra aur dhwaja biraje,
Kandhe munj janeu saje.

In his hand are bajra (weapon) and a flag. In his neck there is a garland of munj (grass) and he also wears a sacred thread.

In one of his hand is bajra and in the other there is a flag (a symbol of dharma). These are the characteristics of the science of palmistry. These are auspicious symbol. Hanumanji says that auspicious symbole should be worn.

He always has a mace. The mace is also in the hand of God Vishnu. Vishnu also wears large rings in his ears. These auspicious symbols are not only for decoration but they are also food for good sentiments.

Though Hanumanji is a brahmachari, his reputation gets enhanced in the Sunderkand (canto). Hanumanji says that beauty should be appreciated. For realization of God, sense of aesthetics is necessary. One can say what a brahmachari has to do with beauty ? But he says that life should be holistically beautiful.

Look into the Sunderkand, how many times the word sunder (beautiful) has been repeated. Address is beautiful, story is beautiful, ring is beautiful.

But what is the meaning of beauty for Hanumanji. Satyam, Shivam, Sundaram. This is the beauty where there are Shri Ram and Sita.

There is a spiritual thinking about Anjaninandan having a flag in one hand and bajra in another. The lines in the hands of Hanumanji are similar to those of Shri Ram's feet (soles). The Ramcharitmanas says, "Rekh, kulis, dhwaj ankus sohe" (Bal kand 198/2). There is a discription in the Aranyakand of the Adhyatma Ramayana that when Shurpankha saw the line symbol of padma (lotus), bajra and ankusa carved on the soles of Shri Rama on the bank of the Godavari river, she was captivated.

6

शंकर सुवन केसरीनंदन।
तेज प्रताप महा जग बंदन।।

आप शंकर के अवतार और केसरी के पुत्र हैं सारा संसार आपके तेज और प्रताप की वंदना करता है।

'शंकर–सुवन' इस उद्‌बोधन की बड़ी चर्चा होती है। कुछ लोग कहते हैं कि ये स्वयं शंकर हैं या इनके स्वामी शंकर हैं। इसकी विस्तार से चर्चा बाद में करेंगे। अभी हम आगे बढ़ते हैं।

6

**Shankar suvan kesarinandan,
Tej pratap maha jag bandan.**

You are the incarnation of Shankar and son of Kesari. The whole world bows to your tej (shine) and pratap (reputation).

"Shankarsuvan" is a much talked about them. Some say that he himself is Shankar or his lord is Shankar. We will revert to the them afterwords. Presently we must go ahead.

7

बिद्यावान गुनी अति चातुर।
राम काज करिबे को आतुर।।

आप, विद्वान्, गुणी और बहुत चतुर हैं। राम कार्य करने के लिए आप सदैव उत्सुक और उत्साहित रहते हैं।

एक तो हनुमानजी विद्वान् हैं, उस पर चतुर भी हैं। कुछ लोग सिर्फ विद्वान् होते हैं या फिर सिर्फ गुणी होते हैं, लेकिन हनुमानजी विद्वान्, गुणी और चतुर भी हैं। श्रीहनुमानजी के गुणों की चर्चा स्वयं श्रीराम ने महर्षि अगस्त्य के सामने की थी। श्रीराम ने कहा था–आंजनेय तेज, धैर्य, यश, दक्षता, सामर्थ्य, विनय, नीति, पौरुष, विक्रम, बुद्धि आदि गुणों से पूर्ण हैं।

इसी के साथ चतुर भी कैसे हैं, 'अतिचतुर'। आज के जीवन में मनुष्य की सफलता के जो प्रमुख सूत्र हो सकते हैं–इन पंक्तियों में गोस्वामीजी ने उसकी बहुत अच्छी व्याख्या की है।

विद्वान् को गुणी भी होना चाहिए। कई लोग तो विद्वान् होते हैं, लेकिन साथ में दुर्गुणी भी रहते हैं।

दुर्गुणों से घिरी विद्वता समाज में अच्छे परिणाम नहीं दे सकती।

अनेक उच्चकोटि की विद्वता वालों को हम या तो द्यूत–क्रीड़ा या मदिरापान, या स्त्रीसंग या हिंसा, या फिर अहंकार जैसे दुर्गुणों में लिप्त देखते हैं।

श्रीहनुमत चरित्र से घोषणा है कि पहला गुण है विद्वान् होना, दूसरा गुण है व्यक्ति को गुणी भी होना चाहिए।

तीसरा गुण गोस्वामीजी बताते हैं कि वह चतुर भी हो। केवल विद्वता, गुण इनसे संसार में काम नहीं चलता, इन दोनों के साथ चतुरता बहुत आवश्यक है वह भी अति के साथ।

प्रतिस्पर्द्धा के इस युग में ये तीन सूत्र बड़े उपयोगी हैं। श्रीरामचरिमानस में श्रीराम पक्ष के जितने भी पात्र आए हैं उनको चतुराई की आवश्यकता नहीं पड़ी। रावण के पक्ष की बात छोड़ दें। श्रीराम के पक्ष के लोगों को सावधानी अवश्य

7

Bidyavaan guni ati chatur, Ram kaj karibe ko aatur.

You are learned, virtuous and very clever to carry out the work of Shri Rama. You are always ready and euthusiastic.

Hanumanji is not only learned but also clever, some people are only learned or they are only virtuous, but Hanumanji is learned, virtuous and clever too. Shri Ram spoke about the virtues of Hanuman to Mahrshi Agastya. Shri Ram said, Anjaneya is full of tej (Shine) dhairya (patience), Yash (reputation) dakshata (expertise), samarthaya (capacity), Vinay (humility), neeti (policy), paurush (vigour), vikram (bravery), buddhi (Intelligence) etc.

He is very clever. In today's life the main formulae for succeess of man have been explained by the Goswamiji in these lines.

A larned man should also be virtuous. Many people are learned but they are also vicious.

Scholarship surrounded by vices cannot give wholesome results to society.

Many of the highly learned men are found indulging in vices like gambling, alcohalism, adultery, violence or pride.

From the character of Hanuman it is declared that man should be learned and he should also be virtuous.

In the age of competition these three formulae are very useful. In the Ramcharitmanas all the characters of Rama's side needed no cleverness. We should leave aside Ravan's side. People of Rama's side had to be cautious but not clever. Who had to have cleverness? It was Hanumanji. Why? because Shri Ram used Hanumanji the most.

All the clever deeds were got done through him by Shri Ram. In

रखना थी, चतुराई की आवश्यकता नहीं थी। चतुराई की आवश्यकता किनको पड़ी? हनुमानजी को पड़ी। क्यों? क्योंकि श्रीराम ने हनुमानजी का सर्वाधिक उपयोग किया।

श्रीराम ने चतुराई के सारे काम इन्हीं से करवाए। श्रीरामचरितमानस में दो पात्र ऐसे हैं जिनको अतिरिक्त चतुराई दिखाना पड़ी थी। एक मंथरा और दूसरे हनुमानजी।

जो चतुराई हमको श्रीराम से दूर कर दे वह कुटिलता मानी जाती है और जो चतुराई हमको श्रीराम से मिला दे वह भक्ति मानी जाएगी। हनुमानजी सीता शोध के लिए जब लंका जा रहे थे, तब उनकी अति चतुरता के कुछ उदाहरण सुंदरकांड में आते हैं–

जलनिधि रघुपति दूत बिचारी।
तैं मैनाक होहि श्रमहारी।।

(राचमा. / सु.कां. / चौ. 5)

समुद्र ने उन्हें (हनुमान जी को) रघुपति का दूत समझकर मैनाक पर्वत से कहा, हे मैनाक! तू इनकी थकावट दूर करने वाला हो (अर्थात् अपने ऊपर इन्हें विश्राम दे)।

हनूमान तेहि परसा कर, पुनि कीन्ह प्रनाम।
राम काजु कीन्हें बिनु, मोहि कहाँ बिश्राम।।

(राचमा. / सुं.का. / दोहा–1)

हनुमानजी ने उसे हाथ से छू दिया, फिर प्रणाम करके कहा–भाई श्रीरामजी का काम किए बिना मैं विश्राम नहीं कर सकता।

मैनाक पर्वत के साथ चतुराई दिखाई। उसको अस्वीकार नहीं किया, केवल स्पर्शमात्र कर दिया। स्वर्ण पर्वत मैनाक सुख और समृद्धि का प्रतीक है। हनुमानजी ने सुख-समृद्धि को ठुकराया नहीं, उसे स्पर्श किया, किन्तु अपने उद्देश्य को नहीं भूले।

कई बार वैराग्य और सादगी के स्वभाव को स्वीकार करने के कारण कुछ लोग सुख–समृद्धि के साधनों को अपना शत्रु समझ बैठते हैं। मनुष्य का स्वभाव होता है कि जिससे अधिक विरोध करो मन उसी पर ज्यादा टिक जाता है।

श्रीहनुमान द्वारा मैनाक पर्वत को 'स्पर्श' करने का अर्थ है विवेक के साथ सुख–समृद्धि के साधनों का उपयोग करना। *संकेत यह है कि साधनों का उपयोग करें, उपभोग नहीं।*

साधनों का सदुपयोग कभी–कभी ऊर्जा का काम करता है। आज के युग में समृद्धि के साधन जैसे बंगला, कार, मोबाईल, कम्प्यूटर आदि सहायक भी हैं

the Ramcharitmanas two characters are such who had to show additional cleverness. One is Manthara and the other is Hanuman.

Cleverness which keeps us away from Shri Ram is Crookedness and the cleverness which joins us with Rama is devotion. When Hanumanji was going to Lanka in search of Sita some examples of his cleverness have been mentioned in the Sunderkand.

Jalnidhi Ragupati doot bicharee,
Tai menak hohi shramhaari.

(RCM./Su. K./5)

The ocean thinking Hanumanji to be an ambassador of Shri Ram ordered the mountain menak, to provide him some rest.

Hanuman tehi parasa kar puni keenha pranam,
Ram Kaju keenhe binu mohi kahan bishram.

(RCM./Su.K./Doha-1)

Hanuman touched the mountain with hand and bowed to him saying that, he had no time to rest untill the work assigned to him by Shree Ram was completed.

Hanumanji showed cleverness to the mountain mainak. He did not reject it, he simply touched it. The golden mountain mainak is a symbol of happiness and prosperity. Hanumanji did not reject happiness and prosperity. He simply touched it. He did not forget his mission.

Many a time people having accepted ascetic way of life and simplicity consider the means of happiness and prosperity as their enemy. It is the nature of man that the more he rejects a thing the more he pines for it.

The touching of the menak mountain by Hanumanji means that the means of happiness and prosperity are to be utilized with discretion which indicates that *those means are to be utilized, they are not to be consumed.*

Sometimes good utilization of means provides energy. In this age the means of prosperity such as bungalow, car, mobile, computer etc. are helpful in achieving our end but they should not be an end in themselves.

The flying Anjaneya went ahead and confronted with an ogress named Surasa. To eat him the ogress opened her mouth making it big and wide. He also made his form big. Then shortening his form he

हमारे लक्ष्य प्राप्ति में, किन्तु इन्हें ही लक्ष्य नहीं बना लेना चाहिए।

उड़ते हुए आंजनेय जब आगे चले तो सुरसा नामक राक्षसी सामने आती हैं। इन्हें खाने के लिए उस राक्षसी ने अपना मुंह बड़ा करके खोला तो इन्होंने भी अपने रूप को बड़ा कर लिया। फिर छोटे बनकर उसके मुंह में प्रवेश किया और बाहर निकल आए।

जस जस सुरसा बदनु बढ़ावा।
तासु दून कपि रूप देखावा।।
सत जोजन तेहिं आनन कीन्हा।
अति लघु रूप पवनसुत लीन्हा।।

(राचमा. / सु.कां. / 1 / 5)

जैसे–जैसे सुरसा मुख का विस्तार बढ़ाती थी हनुमानजी इसका दुगुना रूप दिखलाते थे। उसने सौ योजन (सौ कोस का) मुख किया। तब हनुमान ने बहुत ही छोटा रूप धारण कर लिया।

इस आचरण से उन्होंने बताया कि जीवन में किसी से बड़ा बनकर नहीं जीता जा सकता। 'लघुरूप' होने का अर्थ है नम्रता! जो सदैव विजय दिलाएगी।

इस प्रसंग में जीवन–प्रबंधन का एक और महत्त्वपूर्ण संकेत है। हनुमानजी चाहते तो सुरसा से युद्ध कर सकते थे। लेकिन इन्होंने विचार किया मेरा लक्ष्य इससे युद्ध करना नहीं है, इसमें समय और ऊर्जा दोनों नष्ट होंगे, लक्ष्य है सीता शोध। इसे कहते हैं सहजबुद्धि (कॉमनसेंस)।

आज के युवा इस बात को जानते हैं कि अब नौकरी मिलने और उसमें बने रहने के मापदण्ड बदल गए हैं। पर्याप्त जानकारी, बुद्धिमानी, जनसम्पर्क, लगनशील, परिश्रम, नेतृत्व के गुण ये सब तो जरूरी हैं, परन्तु इस समय इन सबसे ज्यादा एक गुण प्रबंधन में देखा जाता है और वह है कॉमनसेंस। जिसका एक अच्छा उदाहरण श्रीहनुमान ने इस प्रसंग में प्रस्तुत किया है।

आगे सिंहिका नाम की राक्षसी मिली थी जिसको उन्होंने मार डाला था, क्योंकि वह ईर्ष्या का प्रतीक थी। वह उड़ते हुए लोगों की परछाईं पकड़कर उन्हें खा जाती थी।

श्री आंजनेय का मत है कि ईर्ष्या को मार डालना चाहिए।

ईर्ष्यालु लोग अपनी सारी ऊर्जा दूसरों के भाग्य से लड़ने में लगा देते हैं, जबकि यदि मनुष्य को लड़ना है तो अपनी किस्मत से लड़ना चाहिए ताकि उसे बेहतर बना सकें। भाग्य भले ही ना बदले, किन्तु इस अपरिवर्तित भाग्य का सामना करने के लिए हालात तो बदले जा सकते हैं।

फिर लंका द्वार पर लंका की रक्षा करने वाली लंकिनी नामक राक्षसी मिली,

went into her mouth and came out.

Jas Jas Sursa badnu badhava
Tasu doon kapi roop dikhava
Sat jojan tehi aanan keenha
Ati laghu roop Pawansut leenha.

(RCM./Su.K./1/5)

As Sursa widened her mouth Hanumanji made his form twice as much she widened her mouth to the extent of hundred yojan, Hanuman made his form very tiny.

By this conduct he showed that one cannot win the battle of life by making oneself bigger than the adversary. "Tiny form" means humility which will always give victory.

In this context there is another important indication of life management. If he so wished he could have waged a battle with Surasa. But he thought that it was not his aim to wage battle with her. It would result in loss of time and energy. His mission was search of Sitaji. This is called common sense.

Todays youth knows that now the standards to get a job and continue in it have changed, Sufficient information, intelligence, public relations, perseverence, labour and qualities of leadership are necessary, but more than all these one quality is seen in the realm of managment and that is common sense. A good example has been presented by Shri Hanuman in this context.

Further he confronted with another ogress Sinhika, who was killed by him because she was symbol of jealousy. She caught hold of the shadow of a flying object and ate it.

Anjaneya is of the opinion that jealousy must be killed.

The jealous people spend there energy in fighting against the fortunes of others whereas if one has to fight one should fight with one's own fortune so as to make it better. Even if the fortune does not change, the conditions to face the fortune can be changed.

Then on the gate of Lanka an ogress named Lankini guarding the gate met him. He administered a blow and injured her.

Although Lankini was a sentinal, she was in the service of a thief like Ravan. The guards who protect a wrong system should be attacked. Anjaneya presented here an example of bravery.

These contexts could be explained in detail but here essence of

उसने हनुमानजी को पहचाना और बलपूर्वक रोकने का प्रयास किया तब उन्होंने लंकिनी को मुक्का मारा और उसे घायल कर दिया।

लंकिनी थी तो रक्षक, किन्तु वह रावण जैसे चोर की सेवा में थी। जो रक्षक एक गलत व्यवस्था की रक्षा करें उन पर प्रहार करना चाहिए। शौर्य का यह उदाहरण श्री आंजनेय ने यहां प्रस्तुत किया।

इन प्रसंगों की विस्तार से व्याख्या हो सकती है, किन्तु यहां सार यह है कि हनुमानजी की चतुराई हमारे लिए प्रेरणादायक है। इसलिए कहा गया है कि वे अतिचतुर हैं।

फिर पंक्ति आती है–"रामकाज करिबे को आतुर।"

वे आतुर हैं आलसी नहीं। जिसे रामभक्त होना हो, हनुमान भक्त होना हो, वे आलस्य छोड़ दें। *अध्यात्म में आलस्य का कोई काम नहीं।*

लक्ष्मणजी जब युद्ध में घायल होकर मूर्छित थे, उनके लिए औषधि लाना था, तब हनुमानजी ने कहा था कि राई को तेल में डाला जाता है और जितनी देर में वह फूटती है, मैं उतनी देर में औषधि ले आऊंगा। रामकाज के प्रति इतने आतुर हैं हनुमानजी।

श्रीराम काज करने का एक अर्थ यह है कि राम को सुख पहुँचाना। परमात्मा को जब यत्नपूर्वक सुख पहुंचाया जाता है तब इस कार्य को रति कहते हैं। चार प्रकार हैं रति के–दास्य रति, सख्य रति, वात्सल्य रति और माधुर्य रति। हनुमानजी में दास्य रति है। वैष्णव मत में भक्ति का पहला सोपान है–दास्य रति।

the matter is that cleverness of Hanumanji gives us inspiration. That is why it is said that he is very clever.

Then the next line follows,"Ram Kaj kareebe Ko aatur".

He is restless not lazy. Those who want to be devotees of Shri Ram or Hanuman should forsake laziness. *There is no place for laziness in spiritual matters.*

When Laxman was unconscious having been injured in the battle. Medicine was to be fetched for his treatment, Hanuman said that, a mustard seed was dropped into the oil and the time it took to burst within that time he would fetch the medicine. Hanuman is so much in hurry for Ram's work.

One of the meanings for doing the work of Shri Ram is to make Ram happy. When God is to be made happy with certain effort it is called rati (affection). There are four kinds of affections—dasya rati (slavish affection), sakhya rati (friendly affection), vatsalya rati (childish affection), madhuriya rati (Sweet affection). Hanumanji had slavish affection. In the Vaishnava sect the first step for devotion is slavish affection.

8

प्रभु चरित्र सुनिबे को रसिया।
राम लषन सीता मन बसिया।।

श्रीरामजी के चरित्र की कथा सुनने में आपको विशेष रस आता है आप श्रीराम, लखनजी और सीताजी के मन में बसे हुए हैं।

वैसे तो हनुमानजी हमेशा श्रीराम के काम ही किया करते हैं। उन्हें फुरसत कम ही मिलती है। पर जब काम न हो तब कथा सुनते हैं।

यत्र यत्र रघुनाथकीर्तनं, तत्र तत्र कृतमस्तकाञ्जलिम्।
वाष्पवारि परिपूर्ण लोचनं, मारुतिं नमत राक्षसान्तकम्।।

गोस्वामी तुलसीदासजी को श्री हनुमान के प्रथम दर्शन तब हुए थे जब हनुमानजी श्रीराम कथा सुन रहे थे।

कथा आती है कि जब प्रातः काल प्रतिदिन गोस्वामीजी शौचनिवृत्ति के लिए जाते थे तो लौटते समय उनके लोटे में जो थोड़ा जल बचता था उसे एक पेड़ में डाल देते थे।

वहां एक प्रेत का निवास था, तृप्त होकर एक दिन उस प्रेत ने गोस्वामीजी से वर मांगने को कहा।

गोस्वामीजी ने श्रीराम के दर्शन करने की इच्छा प्रकट की। प्रेत ने कहा– "मैं सीधे दर्शन तो नहीं करा सकता, किन्तु एक माध्यम बताता हूँ। यहां से थोड़ी दूर पर जो राम मंदिर हैं वहां प्रतिदिन संध्याकाल श्रीराम कथा होती है इसमें कोढ़ी के रूप में श्रीहनुमान कथा सुनने आते हैं। आप उनको साध लो।"

बस गोस्वामीजी ने ऐसा ही किया और उन्हें हनुमानजी ने रामजी के दर्शन करवाए।

यदि हमें हनुमानजी को प्राप्त करना है तो श्रीराम कथा, संकीर्तन करना चाहिए, उनमें वे सदैव उपस्थित रहते हैं। हनुमानजी को कथा सुनने का बहुत मोह है। एक शब्द लिखा है 'रसिया'।

रामकथा को हनुमानजी केवल सुनते ही नहीं है, 'प्रभु चरित्र सुनिबे को

8

Prabhu charitra sunibe ko rasia, Ram Lakhan Sita man basia.

He is very fond of hearing the story of Ram's character. He resides in the mind of Shri Ram, Laxman and Sita.

Hanumanji is always busy in doing the work of Shri Ram. He has no time for other things. But when there is no work, he hears the story.

Yatra yatra Raghunath Kirtanam, Tatra tatra Kritmastakanjalime,
Vaspavari paripurna lochanam, Marutim namat rakshasantekam.

Anywhere, where song of Raghunath is sung there he is presant bowing his head low. His eyes are full of tears and the killer of ogres Maruti (Hanuman) is present there with humility.

Goswami Tulsidasji saw Hanumanji for the first time when Hanumanji was listening to the story of Shri Ram.

The story goes that when Goswami Tulsidasji went to latrine every morning while returning a little water which remained in his mug he threw it on a tree. There lived a ghost and being satisfied the ghost one day asked the Goswamiji to demand a boon.

The Goswamiji expressed his desire to have a darshan of Shri Ram. The ghost said,"I can not do it directly but I tell you a medium. A little distance away from here is a Ram temple. There in the form of a leper Hanumanji comes to hear the story. You may settle with him"

The Goswami did so and Hanumanji arranged for him darshan of Shri Ram.

If we want to have Hanumanji we should arrange for Ramkatha and song. He is always presant there. Hanumanji is very fond of hearing the story. There is a word "rasia"

रसिया', रसिक भी हैं। कथा तीन तरीके से सुनी जाती है। श्रोता समझदार होना चाहिए, हरि का दास होना चाहिए और रसिक होना चाहिए।

यदि श्रोता कथा में रस नहीं ले तो श्रवण अधूरा माना जाएगा। हनुमानजी सुनने में ऐसे रसिया हैं।

अपने चरित्र से एक बात और बताई है। वे श्रोता तो बहुत अच्छे हैं ही, उतने ही अच्छे वक्ता भी हैं। सामान्यतः ऐसा होता है कि जो बहुत अच्छे वक्ता होते हैं वे फिर अच्छे श्रोता नहीं बन पाते।

श्रीरामचरितमानस के किष्किंधा कांड में जब पहली बार हनुमानजी और भगवान् का मिलन हुआ था। तब हनुमानजी ब्राह्मण का रूप धर कर श्रीराम के सामने गए थे। प्रश्न करने पर श्रीराम ने अपना परिचय देते हुए कहा था।

आपन चरित कहा हम गाई।
कहहु बिप्र निज कथा बुझाई।।

(राचमा./कि.कां./1/2)

श्रीराम ने कहा, "हमने अपना चरित्र सुना दिया है। अब आप अपनी कथा कहें।"

यहां शब्द लगाया है कि तुम अपनी 'कथा' कहो। इसके उत्तर में हनुमानजी को कहना था कि मैं फलाने का पुत्र हूं, फलाने का मंत्री हूं, मेरा पता यह है। क्योंकि उनसे श्रीराम ने कहा था कि आप अपनी कथा सुनाएँ। लेकिन हनुमानजी ने उत्तर दिया–

एकु मैं मंद मोहबस, कुटिल हृदय अग्यान।
पुनि प्रभु मोहि बिसारेउ, दीनबंधु भगवान।।

(राचमा./कि.का./दोहा–2)

एक तो मैं यूं ही मंद हूँ, दूसरे मोह के वश में हूँ, तीसरे हृदय का कुटिल और अज्ञानी हूँ, फिर दीनबंधु भगवान्, आपने भी मुझे भुला दिया।

श्रीराम ने कहा–"यह कौन–सी बात हुई कि मैं कुटिल हूं, मतिमंद हूँ। आप अपनी कथा कहें यह तो कोई कथा (परिचय) नहीं है।"

तब हनुमानजी ने बड़ा सुंदर उत्तर दिया। "महाराज, कथा तो आपकी होती है, हमारी तो 'व्यथा' होती है और 'व्यथा' यह है कि मैं कुटिल हूँ, मंद बुद्धि हूँ, मोह में डूबा हुआ हूँ।"

सचमुच कथा भगवान् की होती है और व्यथा इन्सान की होती है। जीव की व्यथा होती है, परमात्मा की कथा होती है।

यह हनुमानजी के उत्तम वक्ता होने का प्रमाण है। जब हनुमानजी लंका में सीताजी के पास पहुंचे तब उन्होंने पेड़ पर ऊपर बैठे–बैठे ही व्यथित सीताजी

Hanumanji not only listens to Ramkatha, "Prabhu charitra sunibe ko rasia" but he listens to it tastefully. Katha (story) is heard in three ways. The listener should be a man of understanding, he should be a slave to God and he should be a man of taste.

If the listener does not relish the story, the listening is considered incomplete. Hanumanji relishes it while listening.

Through his character he has said one thing more. He is a very good speaker, usually it so happens that those who are very good speakers can not be good listeners.

In the Kishkindha kand of the Shri Ramcharitmanas when for the first time Hanumanji met Bhagwan, Hanumanji went before Shri Ram donning the garb of a brahmin. When asked Shri Ram replied giving his introduction.

Apan charit kaha ham gai,
kahahu bipra nij katha bujhai.

(RCM./K.K./1/2)

Shri Ram said, "we have told you our story. Now you tell us your story."

Here the word used is—tell your "story". In reply Haumanji should have said, "I am son of so and so, I am secretary to so and so, my address is so and so." Because Shri Ram had said to him that he should tell his story but Hanuman's reply was–

Eku main mand mohbas, kutil hridaya agyan,
Puni prabhu mohi bisarehu, dinbandhu Bhagwan.

(RCM./K.K./couplet 2)

First I am already dull, secondly I am under delusion, thirdly I am crooked and ignorent and Deenbandhu (brother of the poor), Bhagwan (God) you too have forgotten me.

Shri Ram said, "why should you say that, you are crooked and dull. You tell me your story. This is no story (introduction)".

Hanumanji's reply was beautiful. "Maharaj you have a story but we have only pain and the pain is that I am crooked, dull and live under delusions."

Really the story is told of Bahgwan and pain and suffering are part of the human lot. Living things have pain and suffering whearas God has story.

This is the proof of Hanumanji being a good speaker. In Lanka

को रामकथा सुनाई थी।

रामचंद्र गुन बरनैं लागा।
सुनतहिं सीता कर दुख भागा।।
लागीं सुनैं श्रवन मन लाई।
आदिहु तें सब कथा सुनाई।।

(राचमा. / सु.का. / 12 / 3)

वे रामचन्द्रजी के गुणों का वर्णन करने लगे। सुनते ही सीताजी का दुख भाग गया। वे कान और मन लगाकर उन्हें सुनने लगीं। हनुमानजी ने आदि से लेकर सारी कथा सुनाई।

" आदिहु तें सब कथा सुनाई" हनुमानजी ने सीताजी को रामजी की कथा आदि (आरंभ) से सुनाई। तब क्या हुआ? सुनते ही सीता का दुख दूर हो गया। और इतना ही नहीं, कथा कैसी सुनाई? इतनी अच्छी कथा थी कि सीताजी को कहना पड़ा–

श्रवनामृत जेहिं कथा सुहाई।
कही सो प्रगट होति किन भाई।।

(राचमा. / सु.का. / 12 / 4)

सीताजी ने कहा– जिसने अमृत के समान कथा सुनाई, वह सामने प्रकट क्यों नहीं होता?

इसी तरह लंका में जब विभीषण से मिले थे तो उन्हें पहले रामजी की कथा सुनाई फिर अपना नाम बताया।

तब हनुमंत कही सब, राम कथा निज नाम

(राचमा. / सु.का. / दोहा–6)

इस प्रकार सब जगह हनुमानजी कथा सुनाते हैं। तो हनुमानजी इतने अच्छे वक्ता थे कि सीताजी को भी उनकी कथा अमृत के समान लगी। कहने का तात्पर्य यह है कि वे जितने अच्छे श्रोता हैं, उतने ही अच्छे वक्ता हैं।

श्रेष्ठ वक्ता हनुमानजी की कथा की एक विशेषता यह है कि वे रामजी के प्रभाव और स्वभाव दोनों स्थापित करते हैं। लंका में हनुमानजी से विभीषण ने प्रश्न किया था, क्या भगवान मुझे स्वीकारेंगे?

तात कबहुँ मोहि जानि अनाथा।
करिहहिं कृपा भानुकुल नाथा।

(राचमा. / सु.का. /6 / 1)

मुझे अनाथ जानकर सूर्यकुल के नाथ श्रीरामचन्द्रजी क्या कभी मुझ पर कृपा करेंगे?

तब हनुमानजी विभीषण से भगवान् का स्वभाव कहते हैं–

when Hanumanji reached near Sitaji, he, sitting on the tree told her the story of Shri Rama.

Ramchandra gun barnay laga,
Suntahi Sita kar dukh bhaga.
Lagi sunay shravan man lai,
Adihu tei sab katha sunai.

(RCM / Su. K./12/3)

He started describing the virtues of Shri Rama. Hearing them all the suffering of Sitaji was gone. She started hearing them with body and soul. Hanumanji told her the whole story from the beginning.

"Adihu tei sab katha sunai" Hanuman told the story of Rama from the beginning. What happened then?All the suffering of Sita was gone as soon as she heard it. Not only this, what a story it was? The story was so good that Sita had to say—

Shravanamrit jehin katha suhai,
Kahi so pragat hote kin bhai.

(RCM / Su. K./12/4)

Sitaji said, "Who told this story like amrit (nector), why does he not appear before me?"

Similarly when he met Vibhishana in Lanka, he first told him the story of Shri Rama and then told him his name.

Tab Hanumant kahi sab Ram katha nij naam.

(RCM / Su.K./Doha-6)

Thus Hanumanji tells the story of Shri Ram everywhere. Hanumanji was such a good speaker that even Sitaji appreciated his story like amrit. What is meant to be said is that Hanumanji is as good a speaker as he is a listener.

A quality of the great speaker Hanuman's story telling is that he establishes Ram's influence as well as nature. In Lanka Vibhishana asked Hanumanji whether Bhagwan would accept him.

Taat kabahun mohi jaani anatha.
Karihahin kripa Bhanukul Natha.

(RCM/Su.K./6/1)

Having known me to be an orphan whether the master of Suryakula, Shri Ramchandraji would have any mercy upon me.

Hanuman tells about the nature of Bhagwan.

सुनहु बिभीषन प्रभु कै रीती।
करहिं सदा सेवक पर प्रीती।।

(राचमा. / सु.का. / 6 / 3)

हनुमानजी ने कहा, "विभीषण सुनें, भगवान् अपने सेवक पर दया नहीं प्रीती (प्रेम करते हैं) यही उनकी रीती है।"

कहहु कवन मैं परम कुलीना।
कपि चंचल सबहीं बिधि हीना।।

(राचमा. / सु.का. / 6 / 4)

कहो, हम कौन से कुलीन हैं? हम तो चंचल वानर हैं, सब प्रकार से हीन हैं।

हनुमानजी ने कहा हम तो वानर हैं इसके पश्चात् भी हमको स्वीकार किया। यह रामजी का 'स्वभाव' है। 'प्रभाव' बताते हुए हनुमानजी कहते हैं कि मैं उनके प्रभाव से समुद्र लांघ गया, उन्हीं के प्रभाव से मैंने राक्षसों का संहार किया। इस प्रकार विभीषण के मन में रामजी का प्रभाव स्थापित किया।

हनुमानजी यह चाहते थे कि विभीषण कथा सुनकर रावण से दूर हो जाएँ, यानी बुराई से दूर हटकर भगवान् के निकट पहुँचे। कथा और सत्संग का उद्देश्य भी यही होता है कि आप परमात्मा के निकट पहुँचे।

इस प्रसंग में जीवन–प्रबंधन का एक महत्त्वपूर्ण सूत्र सामने आता है और वह है स्वभाव तथा प्रभाव स्थापित करना। इसे प्रबंधन की भाषा में 'एप्रोच' कहते हैं। **आप किसी भी कार्य का प्रतिनिधित्व कर रहे हों, आपके वार्तालाप की शैली और प्रस्तुति ऐसी होनी चाहिए कि सामने वाले व्यक्ति पर आपका प्रभाव और स्वभाव एक साथ स्थापित हो, यह राईट एप्रोच कहलाती है। एप्रोच यदि गलत हो तो आरंभ होने के पहले ही आधे काम बिगड़ जाते हैं।**

यहां इस प्रसंग में श्रीहनुमान चालीसा से यह बात सामने आती है कि उनका एप्रोच कितना सही था। पहले विभीषण से मिलकर उन्हें परिवर्तित करना, फिर सीताजी का अवसाद मिटाना, भरी सभा में रावण से निर्भय होकर वार्ता करना और दूरगामी परिणामों के लिए लंका जला देना।

'प्रभुचरित्र सुनिबे को रसिया' के बाद इस चौपाई में अगली पंक्ति है–

'राम लखन सीता मन बसिया'

हनुमानजी श्रीराम, सीताजी और लखनजी के मन में बसते हैं।

इसका एक अर्थ यह भी होता है कि श्रीराम, लखनजी और सीताजी आपके मन में बसते हैं। दोनों अर्थ एक समान हैं।

श्रीराम ज्ञान, सीताजी भक्ति और लक्ष्मणजी कर्म का प्रतीक हैं। इस चौपाई

Sunahu Bibhishan prabhu kai reeti,
Karahin sada sevak par preeti.

(RCM/Su.K./6/3)

Hanumanji said, "Listen O Vibhishan! Bhagwan does not have mercy on his servant but he loves him, This is his way."

Kahahu Kawan main param kuleena,
Kapi chanchal sabhi bidhi heena."

(RCM/Su.K./6/4)

Tell me whether I am of a noble discent. We are restless monkeys, low in all respect.

Hanumanji said that though he was monkey yet he was accepted. That was the nature of Shri Ram. Telling about his influence Hanumanji says that, it was by virtue of his influence that he could cross the sea. By his influence he killed the ogres. Thus he established Ram's influence in the mind of Vibhishana.

Hanumanji wanted that having heard the story of Shri Ram, Vibhishana should get rid of Ravan i.e. he should abstain from evil and approach God. It is the purpose of story and company of good people. You should reach near God.

In this context an important formula of life management comes to light and that is to establish nature and influence. In the language of management it is called 'approach.'

You might be representing any cause, the style of speaking and method of presentation should be such that your nature and influence should be established in the mind of the listener together. This is called right approach. If the approach is wrong, half the work is spoiled initially.

Here in this context the Shri Hanuman Chalisa makes it clear how right his approach was. First he met Vibhishana and changed him, then he removed the depression of Sitaji, he talked to Ravan fearlessly in the court full of people and for long term consequences he set afire Lanka.

The next line the verse "prabhu charitra sunibe ko rasia" is "Ram, Lakhan, Sita man basia."

Hanumanji resides in the mind of Ram, Laxman and Sita.

In other words it means that Ram, Laxman and Sita reside in his mind. Both meanings have the same connotation.

की समाधि भाषा यह है कि ज्ञान, भक्ति और कर्म तीनों आपके हृदय में बसते हैं।

हम देखते हैं कि जहां राम दरबार का मंदिर होता है, वहां हनुमानजी की प्रतिमा भी होती है। लेकिन जहां अकेले हनुमानजी का मंदिर होता है वहां श्रीराम, सीताजी, लखनजी की प्रतिमा हो ऐसा आवश्यक नहीं होता। क्योंकि तीनों इनके हृदय में बैठे हुए हैं।

इसीलिए हम लोग कहीं–कहीं अकेले हनुमानजी का मंदिर भी बनाते हैं।

हनुमानजी सेवा धर्म के प्रतीक हैं। इन पंक्तियों से यह संकेत मिलता है कि एक सेवक में ज्ञान, कर्म और भक्ति का कैसा संतुलन होना चाहिए। जिस सेवक के हृदय में ज्ञान–कर्म–उपासना होते हैं, उसका व्यवहार सदैव संयत और मीठा होता है।

यह सेवा–युग है। कई व्यावसायिक संस्थानों का तो प्रोडक्शन सेवा (सर्विसेस) ही है, चाहे वो ग्राहक–सेवा हो या समाज–सेवा।

सेवा के अन्तर्गत व्यावसायिक व्यवहार में तीन क्रियाएं महत्त्वपूर्ण मानी जाती हैं, दृष्टि, वाणी और शारीरिक मुद्रा। यदि आंजनेय की तरह हृदय में, ज्ञान-कर्म-भक्ति है तो फिर सार्वजनिक जीवन में जो भी होंगे, जब भी होंगे वे 'पॉजिटिव-स्ट्रोक्स' ही होंगे।

Shri Ram is the symbol of knowledge, Sita of devotion and Laxman of deed. The implied meaning of the verse is that knowledge, devotion and deed resides in his heart.

We see that in a temple of Rama's court there is an idol of Hanumanji. But in a Shri Hanumanji temple it is not necessary that there should be idols of Shri Ram, Sitaji and Laxmanji because the trio lives in his heart.

This is why we sometimes build a Shri Hanuman temple only.

Hanumanji is a symbol of religion of service. From these lines it is indicated that in a servant what balance of knowledge, devotion and deed should be . The servants who have knowledge, deed and devotion always have a restrained and sweet behaviour.

This an age of service. The production of many business houses is service only whether it be a customer service or social service.

In professional behaviour under service three activities are considered important—the way of seeing, the way of speaking and physical demeanour. If one has in one's heart knowledge, deed and devotion like Anjaneya whatever one is in public life whenever they occur they will be 'positive strokes' only.

9

सूक्ष्म रूप धरि सियहिं दिखावा।
बिकट रूप धरि लंक जरावा।।

एक छोटा सा रूप धरकर सीताजी को दिखाया और भयंकर रूप धर लंका को जलाया।

'सूक्ष्म रूप धरि सियहिं दिखावा' का एक तात्त्विक अर्थ यह है कि सीता (पराशक्ति) तक पहुंचना हो तो सूक्ष्म बुद्धि का उपयोग करना पड़ेगा। पर जब लंका जलानी पड़ी तो विशाल रूप धरा।

परमात्मा के सामने हम छोटे रहें, विनम्र रहें परन्तु बुराइयों को नाश करते समय पूरे रौद्र रूप में रहें तभी विजय प्राप्त कर सकेंगे।

प्रबंधन के क्षेत्र में एक सूत्र दिया जाता है–**'थिंक ग्लोबल-एक्ट लोकल।'** हनुमानजी का चिन्तन तो गहरा और विशाल था ही। इसका प्रमाण है लंका में उनका सीताजी, विभीषण और रावण से जो अलग–अलग वार्तालाप हुआ था। लेकिन 'एक्ट लोकल' का अर्थ है लंका में अपना प्रताप स्थापित करने लिए जो गतिविधि करना थी, वह स्थानीय होना चाहिए थी, लंका दहन इसी का प्रमाण है।

9

Sukshama roop dhari Siyahin dikhawa,
Bikat roop dhari Lank jarava.

He showed small body to Sita and set a fire Lanka with a great and fearful body.

The essential meaning of "Sukshma roop dhari Siyahin dikhawa" is that, if one has to reach a parashakti (supreme power) like Sita one would use one's innate intelligence. But when he set afire Lanka he assumed a great and fearful body.

We should remain small and humble before God but when dstroying evils we should assume fearful form, then alone we could achieve victory.

In the field of management there is a formula—**"Think global-Act Local."** Hanuman's thinking was deep and wide. Its proof is his conversation in Lanka with Sitaji, Vibhishana and Ravan. But the meaning of 'act local' is that in order to establish his reputation in Lanka his activity should have been local. The burning of Lanka is the proof of it.

10

भीम रूप धरि असुर सँहारे।
रामचंद्र के काज सँवारे।।

आपने, विशाल रूप धरकर राक्षसों का नाश किया और श्रीराम के कार्यों के पूरा किया।

गोस्वामी तुलसीदासजी ने राक्षसों के नाश के साथ रामजी के कार्य को जोड़ा है। श्रीराम का प्रमुख ध्येय था राक्षसों का वध।

वनवास के समय श्रीराम जब ऋषि मुनियों के आश्रम में गए थे तब हड्डियों का ढेर देखकर उन्होंने मुनियों से पूछा था, 'यह क्या है?'

ऋषि–मुनियों ने उत्तर दिया था, "आप सब जानते हुए भी हमसे अनजान की तरह प्रश्न कर रहे हैं? राक्षसों ने जिन मुनियों के दलों को खा लिया हैं, ये उन्हीं की हड्डियों के ढेर हैं।"

यह सुनते ही 'सुनि रघुबीर नयन जल छाए', श्रीराम की आंखों में करुणा के आंसू भर आए।

उसी समय उन्होंने प्रतिज्ञा ली थी –

निसिचर हीन करउँ महि, भुज उठाइ पन कीन्ह।
सकल मुनिन्ह के आश्रमन्हि, जाइ जाइ सुख दीन्ह।।

(राचमा / अर.कां. / 9)

श्रीराम ने भुजा उठाकर प्रण किया कि मैं पृथ्वी को राक्षसों से रहित कर दूंगा। फिर समस्त मुनियों के आश्रमों में जा–जाकर उनको दर्शन एवं संभाषण का सुख दिया।

तो श्रीराम का प्रमुख उद्देश्य था, राक्षसों का वध कर ऋषि–मुनियों को सुख पहुँचाना। हनुमानजी ने लंका में यही कार्य पूरा किया। इसलिए कहा, 'रामचन्द्र के काज सँवारे।'

इन चौपाइयों में एक अर्थ और है। हनुमानजी ने पहले सूक्ष्म रूप धरा फिर विराट रूप बनाया। यह हनुमानजी के चरित्र से सीखने वाली बात है कि हम

10

Bheem roop dhari asur sanhare, Ramchandra ke kaaj sanware.

He assumed a great form and killed ogres and he completed the work of Shri Ram.

Goswami Tulsidasji has joined the destruction of ogres with the work of Shri Ram. Shri Ram's main purpose was killing of the ogres.

While living in exile when Shri Ram visited the abode of Rishis, he saw a pile of bones. He asked the Rishis "what it was."

The Rishis replied, "Knowing everything you are questioning us as if you are ignorant. The communities of Rishi devoured by the ogres, these are the piles of their bones."

Hearing this, "Suni Raghubir nayan jal chhaye" tears of compassion filled his eyes.

He took a vow on that occassion –

Nisichar heen karaun mahee, Bhuj uthai pan keenha,
Sakal muninha ke ashramanhi, Jayee jayee sukh deenha.

(RCM/Ar.K./9)

Shri Ram raising his hand took a vow that he would make the earth free from ogres. Then he visited the abodes of all the Rishies and tried to make them happy by darshan and conversation.

The main purpose of Shri Ram was to kill the ogres and make the Rishi-muni happy. Hanumanji completed this job in Lanka therefore it is said, "Ramchandra ke kaj sanware."

There is one more meaning in this verse. Hanumanji first assumed a small form and then he assumed a big form. It can be learnt from the character of Shri Hanuman that how so ever great we may be but we should be capable of diminution when the need arises.

कितने ही बड़े हो जाएं किन्तु आवश्यकता पड़ने पर सूक्ष्म भी हो जाएं।

सूक्ष्म और विराट का अर्थ है नम्रता और हमारे ऊंचे ओहदे में कोई अंतर नहीं होना चाहिए। आज के समय में देखने में यह आता है कि जरा आदमी ऊंचा हुआ, बड़े पद पर बैठा तो सबसे पहले विनम्रता छोड़ देता है।

किसी शायर ने अच्छी पंक्तियां कही हैं "वो एक शख़्स जो तुझसे पहले तख़्तनशीं था, उसको भी अपने ख़ुदा होने का उतना ही यकीं था" किस बात का गुरूर पालें? न किसी का तख्त रहता है न ताज़ रहता है। हम सब जान लें कि **इन्सान की जिन्दगी शतरंज की बाज़ी की तरह है, बिसात उठने पर बादशाह और प्यादे एक ही डिब्बे में बंद हो जाते हैं।**

ऊंचे पदों पर विराजमान और बड़े–बड़े काम करने वालों का जीवन समापन पर इन दो पंक्तियों में व्यक्त हो जाता है। "तट पर रख कर शंख सीपियां, उतर गया है ज्वार हमारा" अच्छे–अच्छे वीआईपी भी एक दिन इतिहास के पन्नों में जमा-खर्च हो जाते हैं और वक़्त की आँधी में उड़ जाते हैं।

एक दिन सबको उस ईश्वर की शरण में जाना है फिर ऊंचा मस्तक किस बात का? इसलिए श्रीहनुमान अपने आचरण से बताते हैं कि **निरहंकारिता एक राम-सेवक का, एक भक्त का गहना है, सौन्दर्य है और पहचान है। आज के इस 'आइडेंटी क्राइसिस' के युग में जीवन-प्रबंधन का यह कितना सरल सूत्र है।**

Diminution and enormity means that there should be no difference between humility and the high office we occupy. Today we see that, no sooner a man gets promoted to a higher post than first of all he parts with humility.

As a poet says, "voh ek shaksh jo tumse pahle takhtanashin tha, usko bhi apne khuda hone ka utna hi yakeen tha."

The man who occupied the throne before you, was as much confident of being a God as you are now. What should we be proud. Nobody can keep forever his throne or crown. **We should know that, life of man is like the game of chess. When the game is over, all the chessmen whether the king or pedestrian are closed in the same box.**

The end of life of persons occupying high offices and doing great work can be expressed in these lines, "Tat par rakh kar shankh, seepian utar gaya hai jwar hamara." Keeping the conchs and oyester on the seashore our tide has ebbed. The great VIPS are adjusted in the pages of history and fly away in the storm of time.

One day every one has to take shelter in God. Why should one raise head? So **Shri Hanuman tells that humility is an ornament to a servant of Rama a devotee. It is beauty and sign of recognition. In the age of "ïdentity crisis", it is a very simple formula of life management.**

11

लाय संजीवन लखन जियाये।
श्रीरघुबीर हरषि उर लाये।।

संजीवनी औषधि लाकर आपने लक्ष्मणजी के प्राण बचाए थे और श्रीराम ने आपको हृदय से लगा लिया था।

लक्ष्मणजी को उन्होंने संजीवनी लाकर जीवित किया तब श्रीराम का उन्हें हृदय से लगाना। यह बहुत बड़ी घटना है। इसे साधारण घटना न समझा जाए।

भगवान् जब किसी को हृदय से लगाते हैं तो इसका अर्थ होता है कि भगवान् अपने को उसके हृदय में स्थापित कर रहे हैं।

निषाद को, केवट को, हनुमानजी को श्रीराम ने हृदय से लगाया था। इसीलिए यदि पूछा जाए कि श्रीराम का पता क्या है? तो साकेतधाम उनका वास्तविक पता नहीं है। भगवान का पता है–भक्त का हृदय। 'केयर आफ डिवोटी।'

यहां एक प्रसंग और याद किया जा सकता है। भगवान् ने हनुमानजी को न सिर्फ हृदय से लगाया, बल्कि अधरों पर भी बैठाया था। संतों के मुख से एक कथा सुनी जाती है।

लंका विजय के पश्चात्, अयोध्या लौटने पर श्रीराम ने भरत से कहा–मैं आंजनेय का ऋणी हूँ, समझ नहीं आता उनका उपकार कैसे उतारूं? श्रीभरतजी ने उस समय श्रीराम से कहा–''जैसे अगले अवतार में आप, लक्ष्मण भैया को बड़ा भाई बनाकर उनकी सेवा करेंगे, वैसे ही श्री कृष्णावतार में आप हनुमानजी के चरण दबाकर ऋणमुक्त हो सकते हैं।''

रास के अवसर पर जब आप आजनेय को मुरली बनाकर अपने कर-कमलों से उनके पैर दबाएंगे, तब श्रीराधा व अन्य सखियां रासमण्डल में प्रवेश करेंगी। श्रीराम सहमत हो गए और अखण्ड ब्रह्मचारी श्रीहनुमानजी मुरलीरूप में थे, श्रीकृष्ण मुरली सेवा कर रहे थे, तब रास सम्पन्न हुआ था।

श्रीराम ने हनुमान को हृदय से लगाकर निकटता प्रदान की थी।

11

Laaye sanjeevan Lakhan jiyaye, Shree Raghubeer harashi ur laaye.

Bringing the sanjeevani medicine you saved the life of Laxmanji and Shri Ram embraced you heartily.

When he brought the sanjeevani and saved the life of Laxmanji, then Shri Ram embraced him.

This is a big event. It should not be taken as an ordinary event. When Bhagwan embraces someone it means that Bhagwan is inscribing himself in his heart.

Shri Ram embraced Nishad, Kevat and Shri Hanuman. If it is asked what is the address of Shri Ram ? Then Saketdham is not his real address. The address of Bhagwan is the heart of the devotee. "Care of devotee."

Here one context can be remembered Bhagwan not only embraced Shri Hanuman but he also made him sit on lips. There is a story heard from the saints.

After victory over Lanka, having returned to Ayodhya Shri Ram said to Bharata, "I am indebted to Anjaneya. I am at a loss to understand as how to repay his debt. Bharat talked to the sandles which were rulers of the state in the code language. Then he said to Shri Ram, "As in the next incarnation you would make brother Laxman your elder and do him service similarly during the Krishnavatar, you can repay your debt of Hanumanji by massaging his feet."

At the time of ras (ball) when you would make Anjaneya your flute and massage his feet, then Shri Radha along with her friends would enter the ball. Shri Ram agreed and the uninterrupted brahmachari Hanuman was in the form of flute, Shri krishna was

प्रबंधन का एक गहरा सूत्र इस प्रसंग में छुपा है। **अगर एक श्रेष्ठ प्रबंधक अच्छे कार्य से प्रसन्न होकर, अपने अधीनस्थ या सहायक को पुरस्कृत करना चाहे तो 'निकटता' देना भी एक पुरस्कार है।**

ज्येष्ठ और श्रेष्ठ लोग जब किसी को अपना सान्निध्य देते हैं तो एक तरह से उसे पुरस्कृत ही करते हैं और पुरस्कृत व्यक्ति 'सान्निध्य-ऊर्जा' से भर जाता है।

serving the flute and the ball was performed.

Shri Ram by embracing Hanuman provided him nearness.

An important formula of management is hidden in this context. **If a good manager being satisfied with the good work of his subordinate wants to reward him, then to provide nearness is also a reward.**

When the elders and high ranking people provide nearness to anyone, they reward him and the rewardee becomes full of 'energy of proximity.'

12

रघुपति कीन्ही बहुत बड़ाई।
तुम मम प्रिय भरतहिं सम भाई।।

हे पवनपुत्र! आपकी प्रशंसा स्वयं श्रीराम ने की है, उन्होंने आपको भरत के समान ही अपना प्रिय बताया है।

श्रीराम ने हनुमानजी को मान देते हुए उनकी तुलना अपने प्रियतम भाई भरत से की है। स्नेह और सम्मान देने की यह श्रीराम की मौलिक शैली है। किष्किंधाकांड में जब हनुमानजी से पहली बार श्रीराम मिले थे, तब कहा था

"तैं मम प्रिय लछिमन ते दूना......"

(राचमा. / कि.कां. / 2 / 4)

वहां लक्ष्मण से दुगुना कहा था और यहां कह रहे हैं भरत के समान प्रिय हो। सारा संसार राम को जपता है और श्रीराम भरत को जपते हैं।

भरत सरिस को राम सनेही।
जगु जप राम राम जप जेही।

(राचमा. / अयो.कां. / 217 / 4)

सारा जगत् श्रीराम को जपता है, वे श्रीराम जिनको जपते हैं, इन भरतजी के समान श्रीराम का प्रेमी कौन होगा।

इसलिए हनुमानजी को उन्होंने भरत के समान बताया है यह उच्चतम सम्मान देने की भावना है।

परमात्मा और संत जब किसी की प्रशंसा करते हैं तो एक तरह से उसके सौभाग्य में वृद्धि हो जाती है। श्रीराम, आंजनेय की तुलना श्रीभरत और श्रीलक्ष्मण से करके उन्हें सौभाग्यशाली बना रहे हैं।

नेपोलियन कहा करता था, "मेरे सेनापति बहादुर हों यह तो अच्छा है ही, लेकिन उससे ज्यादा मैं पसन्द करूंगा मेरे सेनापति भाग्यशाली हों।" **यह सत्य है कि अपने अधीनस्थ का सौभाग्य भी सफलता में सहायक और दुर्भाग्य भी बाधक होता है।**

12

Raghupati keenhi bahut badai, Tum mam priya Bharathi sam bhai.

O Pawanputra! you have been praised by Shri Ram himself. He has said that you are as much dear to him as Bharata.

Shri Ram giving due respect to Hanumanji has compared him with his dearest brother Bharata. It is the original style of Shri Ram to offer his love and respect. In the kiskindha kand when Shri Ram first met Hanuman then he said,

"Tain mam priya Laxman te doona"

(RCM. Ki Ka. 2/4)

There he said Hanumanji was twice as much dear as Laxman and here he says that Hanumanji is as much dear to him as Bharata. The whole world worships Rama and Rama worships Bharata.

Bharat saris ko Ram sanehi,
Jagu jap Ram Ram jap jehi.

(RCM/Ayo. K./217/4)

The whole world worships Ram and Ram worships Bharata. Who can be dearer to Ram than Bharata.

Therefore, he has said Hanuman to be equal to Bharata. This is to give him highest respect.

When God and saints praise someone his fortune is increased. Shri Ram by comparing Anjaneya to Bahrata and Laxman is increasing his fortunes.

Nepolean used to says, "it is good that my generals should be brave but it is still better that they should be fortunate." **It is true that the fortune of our subordinate is helpful in our success and his misfortune creates obstruction in it.**

13

सहस बदन तुम्हरो जस गावैं।
अस कहि श्रीपति कंठ लगावैं।।

आपके यश का गान हजार मुख वाले शेषनाग भी सदैव करते रहेंगे। इस प्रकार कहते हुए लक्ष्मीपति विष्णु स्वरूप श्री राम ने उन्हें अपने गले से लगाया है।

गोस्वामीजी कह रहे हैं कि आपका यश अनंतकाल तक असंख्य रूप में गाया जाएगा। आपका संकीर्तन और गुणगान अंतहीन होगा।

यहाँ कहा गया है कि 'श्रीपति' ने आपको कंठ से लगाया। श्रीपति का अर्थ है लक्ष्मीपति। गोस्वामीजी ने यहां सोच समझकर श्रीराम को श्रीपति संबोधित किया है। वे जानते थे कि आने वाले समय में भक्तों की एक बड़ी मांग ऐश्वर्य की भी रहेगी। छह प्रकार के ऐश्वर्य बताए गए हैं–1. धर्म, 2. अर्थ, 3. ज्ञान, 4 यश, 5. श्री, 6. वैराग्य।

चौपाई में व्यक्त है कि श्रीराम ने यश और लक्ष्मी दोनों हनुमानजी को दी हैं और हमको यश और लक्ष्मी हनुमानजी ही दे सकते हैं।

भक्तों में यह चर्चा रहती है कि यदि किसी को यश और लक्ष्मी दोनों चाहिए तो वह हनुमानजी से मिले। हमें एक बात ध्यान में रखनी होगी। भक्तों पर कृपा करने की भगवान् की अपनी एक व्यवस्था होती है।

हम लोग कभी–कभी दुखी हो जाते हैं कि हम इतनी पूजा करते हैं, भगवान् कुछ देते ही नहीं। किसी का कोई काम नहीं हो रहा है तो वह भगवान् को कोस रहा है। हमें गहराई में जाकर समझना होगा कि भगवान् नियंता ही नहीं, एक नियम भी हैं।

जैसे धरती का एक नियम गुरुत्वाकर्षण का होता है। विज्ञान कहता है धरती का स्वभाव है कि वह वस्तु को अपनी ओर खींचती है। यह धरती का नियम है। असावधानी से चलते हुए यदि हम गिर जाएं और यह कहें कि धरती का स्वभाव है खींचना, इसीलिए हम गिर गए, तो हम गलत हैं। हम अपनी ही गलती से

13

Sahas badan tumhare jus gaven,
As kahi Shripati kanth lagaven.

Your reputation will always be sung by Sheshnaga with his thousand mouths. Saying this Laxmipati Vishnu (Shri Ram) embraced him.

The Goswamiji means to say that his reputation will continue to be sung for indefinite period in innumerable ways. Recitation of his virtues would be endless.

Here it is said that, "Shripati" embraced him. Shripati means Laxmipati (husband to the goddess of wealth). The Goswamiji very thoughtfully has addressed Shri Ram as Shripati. He knew that in future the devotees would demand wealth and fortune. There are six types of fortunes—1. Dharma (religion), 2. Artha (money), 3. Gyan (knowledge), 4. Yash (reputation), 5. Shree (wealth), 6. Vairagya (renunciation).

It is expressed in the verse that Shri Ram conferred on Hanumanji both yash and Laxmi and we can get both of these from Hanumanji.

The devotees often say that, if anybody wants both yash and Laxmi, he should go to Hanumanji. We should remember one thing that Bhagwan has his own system to do favour to the devotees.

We sometimes become aggrieved that despite so much worship, Bhagwan does not give us anything. If someone does not achieve his ends, he blames Bhagwan. We have to go deep to understand that Bhagwan is not only regulator but also a rule.

As there is law of gravitation on the earth. Science says that, it is the nature of the earth to pull things towards it. It is the rule of the earth. While walking if we fall down by inadvertence and say that, it is the nature of the earth to pull and so we fell down then it is wrong.

गिरे हैं।

इसी तरह परमात्मा का नियम अपनी जगह है। नियम है कि देता वही है, लेकिन कैसे देता है? जैसे नदी का स्वभाव सागर में मिलना है, उसका मिलना तय है। अब वह चट्टान से टकराकर जाए, मुड़कर जाए, जिस प्रकार से भी जाए। नियम यह है कि उसे सागर में मिलना है।

उस नियम का पालन हमें करना चाहिए। इसका पालन करने में श्रीहनुमान चालीसा हमारी मार्गदर्शक और सहयोगी है।

कैसी रोचक बात है। भगवान् भी अपने नियम–पालन के लिए हनुमानजी का सहयोग लेते हैं।

द्वापरयुग की एक कथा है। भगवान् श्रीकृष्ण को लगा कि उनकी पत्नी सत्यभामाजी का अहंकार बढ़ रहा है। ऐसा ही कुछ भगवान् के वाहन पक्षीराज गरुड़जी के साथ भी हो रहा था। उन्हें अपनी गति का घमण्ड आ गया था। फिर भगवान् ने देखा कि सुदर्शन चक्र को भी यह अहंकार था कि उसने इंद्र को परास्त किया है।

उन्होंने विचार किया कि यदि इन तीनों को कोई समझा सकता है, तो वे हनुमानजी ही हैं। ध्यान करके देखा कि इस समय हनुमानजी कहां हैं?

इधर सत्यभामाजी बार–बार श्रीकृष्ण से पूछ रही थीं कि "त्रेतायुग में आप सीता के पीछे भाग रहे थे, क्या वे इतनी सुंदर थीं?" सच तो यह है कि सत्यभामाजी अभिमान में आ गई थीं। भगवान् ने गरुड़ को बुलाया और कहा "जाओ वहां एक स्थान पर हनुमानजी हैं, उनसे कहो कृष्ण ने बुलाया है।"

गरुड़ वहां पहुंच गए और हनुमानजी से कहा, "चलिये, पूज्य द्वारकाधीश ने बुलाया है।" तब हनुमानजी ने कहा "द्वारकाधीश होंगे अपने स्थान पर, उनको मेरा प्रणाम। लेकिन, हम तो अपने राम नाम में व्यस्त हैं। वहां जाने की न फुरसत है न रुचि।"

गरुड़ ने कहा "चलना ही पड़ेगा।"और गरुड़ हनुमानजी से उलझ गए। हनुमानजी ने गरुड़ की अच्छी तरह पिटाई की और समुद्र में फेंक दिया। गरुड़ बाहर निकले श्रीकृष्ण के पास पहुंचे। कहा "महाराज, वे बलशाली अवश्य हैं लेकिन मेरे जैसी गति नहीं होगी उनकी।"

तब श्रीकृष्ण ने विचार किया कि गरुड़ के अहंकार का मामला अभी अधूरा है। उन्होंने कहा "जाओ और उनसे कहो कि रामजी ने बुलाया है, जल्दी आ जाएंगे।"

गरुड़ ने पुनः आकर हनुमानजी से कहा – "चलिये, रामजी ने बुलाया है।" हनुमानजी ने तुरंत कहा – "चलिये।"

We fall by our own mistake.

Similarly God's rule is at its own place. It is the rule that he is the giver but how does he give? As it is the nature of the river to fall into a sea. The fall is certain. It can dash with a stone, it can meander how so ever, it may proceed but the rule is that it has to fall into the sea.

We should follow that rule. In pursuit of that rule the Shri Hanuman Chalisa can be our guide and assistant.

How interesting it is that even Bhagwan in pursuit of his rule seeks cooperation of Shri Hanuman.

There is a story of Dwaper. Bhagwan Shri Krishna thought that, his wife Satyabhama's pride was growing. The same was happening with Garuda who was the vehicle of Bhagwan. He was very proud of his speed. Bhagwan also saw that, sudarshan chakra was also proud that he defeated Indra.

The Bhagwan thought that, these three could be brought to book by Shri Hanuman. He meditated as to where Hanumanji was.

On the other hand Satyabhama was asking Shri Krishna repeatdly that during Tretayug you were running after Sita, was she so beautiful? The truth was that Satyabhama had fallen prey to her pride. The Bhagwan called Garuda and asked him to bring Hanuman from a particular place saying that Shri Krishna sent for him.

Garuda reached there and asked Shri Hanuman, "let us go Dwarikadhish has called you." Hanuman said,"let Dwarikadhish be at his place, I bow to him. But I am busy with my Rama Nama. I have no time nor interest to go there."

Garuda said, "you will have to go " and a scuffle ensued.

Hanumanji gave a good thrash to Garuda and threw him into the sea. Garuda came out reached Shri Krishna, he said "Maharaj! he is surely very strong but he could not have my speed.

Shree Krishna thought that Garuda's pride still prevailed. He said, "Go and ask him to come saying that Shri Rama has called you. He would come soon."

Garuda again went there and said "Come, Shri Rama has called you." Hanumanji instantly replied, "let us go."

Garuda said "ride on me otherwise you may be late." Hanumanji said, "I Shall not be late. You go, I am coming."

गरुड़ ने कहा "मेरे ऊपर बैठ जाइए अन्यथा पहुंचने में आपको देर हो जाएगी।" हनुमानजी ने कहा–"नहीं होगी, आप चलिए मैं आता हूं।"

गरुड़ चल दिए। उन्होंने सोचा कि मैं तो बहुत पहले पहुंच जाऊंगा। लेकिन जब गरुड़जी महल पहुंचे तब पता चला कि हनुमानजी वहां पहले से ही पहुंच चुके थे।

अब वहां सुदर्शन चक्र ने हनुमानजी को द्वार पर रोका।

रामजी से मिलने के लिए कोई उन्हें रोके, यह हनुमानजी को कहां सहन था।

उन्होंने सुदर्शन चक्र को मुंह में रख लिया और पहुंच गए महल के अंदर।

वहां सत्यभामाजी सीताजी का वेष बनाकर बैठी थीं। वे भी हनुमानजी की परीक्षा लेना चाहती थीं। हनुमानजी ने देखा और भगवान् से कहा "यह आपने किस दासी को बैठाकर रखा है?"

तब सत्यभामाजी को लगा कि वे पकड़ी गईं। उनका अहंकार भी जाता रहा। वे सीताजी की गरिमा को पहचान गईं।

श्रीकृष्ण ने कहा – "हनुमान तुम जब महल में प्रवेश कर रहे थे, तुम्हें किसी ने रोका नहीं?" हनुमानजी ने मुंह से सुदर्शन चक्र निकाला और कहा "यह रहा महाराज"।

इस तरह श्रीकृष्ण ने हनुमानजी के माध्यम से तीनों को अहंकार रहित किया था।

इस घटना के माध्यम से भगवान् ने बताया कि गरुड़ जो है वह ज्ञान का प्रतीक है, ज्ञान को अपनी गति पर बहुत घमंड होता है। अपनी गति से ज्ञान बहुत तीव्र होना चाहता है। इसलिए हनुमानजी से ज्ञान का घमंड दूर कराया।

चक्र कर्म और सेवा का प्रतीक है। सेवक यदि ऐसा हो कि भक्त को भगवान् से मिलने से रोके, यदि सेवक कोई ऐसा काम करे जो भगवान् से विलग करे, तब हनुमानजी ने क्या किया? मुंह में रख लिया। उसे मुंह में रखना भी एक प्रतीक है।

मुंह में इसलिए रखा कि चक्र यानि कर्म अर्थात कर्म को पूरी तरह से अस्वीकृत भी न करें और ऐसा स्वीकृत भी न करें कि वह प्रभु दर्शन में बाधा बन जाए। इसलिए मुंह में ऐसा रखा कि न बाहर किया, न अंदर उतारा।

कर्म को न तो अंतरतम तक प्रभावित रखें, न ही झिड़क दें। यह निष्काम कर्म की स्थिति है।

सत्यभामाजी ने भक्ति रूपी सीता का वेश रच लिया और उन्हें ऐसा लगा कि मैं सीता से भी अधिक सुंदर हो जाऊंगी। लेकिन हनुमानजी ने पहचान लिया

Garuda went on. He thought that, he would reach much earlier. But when Garuda reached the palace, he came to know that Hanumanji had reached there before him.

Now Sudarshan chakra stopped him at the door.

How could Hanumanji tolerate that any body should stop him meeting Rama.

He kept the Sudarshan Chakra in his mouth and entered the palace.

There Satyabhama was sitting in the guise of Sita. She too wanted to test Hanumanji. Hanumanji saw her and said to Bhagwan, "why have you allowed this slave here?"

Satyabhama thought that she was caught. Her pride was gone. She recognised the greatness of Sitaji.

Shri Krishna said, "Hanuman when you were entering the palace did any body stop you? Hanuman took out Sudarshan Chakra from his mouth and said," this is it Maharaj."

Thus Shri Krishna through Hanumanji made the three of them prideless.

By means of this event Bhagwan showed that, Garuda was symbol of knowledge and knowledge is very proud of its speed. knowledge wants to be still faster by its speed. So by Hanumanji he dissuaded knowledge of its pride.

Chakra is the symbol of work and service. If the servant is such that he stops devotee from meeting Bhagwan, If he does anything which separates him from Bhagwan what did Hanumanji do ? He kept it in his mouth. To keep it in the mouth is also symbolic.

He kept it in his mouth so that the chakra (work) should not be made totally unacceptable and it should not be accepted in as much as that it should be an obstruction in darshan of God. He kept it in his mouth in such a way that it could not go out nor could it be swallowed.

Work should not affect the inner self nor should it be snubbed. It is the situation of selfless work.

Satyabhama assumed the guise of the devotee Sita thinking that, she would look more beautiful.

But Hanumanji recognised her as to who she was. A proud

कि ये कौन हैं। दाम्भिक भक्ति को सच्चा भक्त पहचान लेता है।

इसलिए भक्ति में छलावा नहीं होना चाहिए। भगवान् के सामने छल–कपट की भक्ति नहीं चलती।

इस प्रकार कृष्णजी ने हनुमानजी के माध्यम से तीनों को एक साथ समझाया। हनुमानजी ज्ञान–भक्ति और कर्म के सही मार्ग को दिखाने वाले हैं।

इन्हीं तीनों मार्गों के लिए श्रीहनुमान चालीसा हमारी पथप्रदर्शक है।

devotion can be recognised by a real devotee.

So there should not be any deception in devotion. 'The devotion of deception' does not work before Bhagwan.

Thus through Hanumanji Shree Krishna made the three of them understand together. Hanuman can show the correct path of knowledge, devotion and work.

For these three paths the Shri Hanuman chalisa is our guide.

14

सनकादिक ब्रह्मादि मुनीसा।
नारद सारद सहित अहीसा।।

15

जम कुबेर दिगपाल जहाँ ते।
कबि कोबिद कहि सके कहाँ ते।।

हे हनुमानजी! आपका यश कौन गा सकता हैं। श्री सनक, सनातन, सनंदन, सनत कुमार आदि मुनिगण, ब्रह्मा आदि देवगण, नारद, सरस्वती, शेषनाग, यमराज, कुबेर जैसे बुद्धि–शक्ति सम्पन्न और समस्त दिग्पाल आपका यश गाने में असमर्थ हैं।

फिर सांसारिक विद्वान्, कवियों की तो बात ही क्या करें, तात्पर्य यह है कि आपका यश तो वर्णन से परे है।

हनुमानजी की महिमा इतने उत्कर्ष पर है कि ब्रह्मादि देवता तथा मुनीश्वर भी वर्णन नहीं कर सकते।

रामरहस्योपनिषद् में वर्णन आता है कि एक बार सनकादि; अन्य महर्षि, योगी प्रह्लादजी आदि ने हनुमानजी के पास जाकर तत्त्वज्ञान पूछा था। ''वायुपुत्र महाबाहो किंतत्त्वं ब्रह्मादिनाम्'' हे पवनपुत्र ब्रह्मादि देवताओं के लिए कौन–सा तत्त्व (ज्ञान) श्रेष्ठ होगा।

ब्रह्माजी ने अगस्त्य ऋषि को एकादश हनुमत्कवच का श्रवण कराया था, जिसका वर्णन अगस्त्य संहिता में आता है।

लोमश ऋषि और वेदव्यासजी ने भी इनका यशगान किया है। महर्षि नारदजी ने नारद पुराण और पंचरत्न ग्रंथ में हनुमानजी की महिमा गाई है।

14

Sankadik Brahmadi Muneesa,
Narad sarad sahit aheesa.

15

Jam Kuber digpal jahan te,
Kabi kobid kahi sake kahan te.

O Hanumanji! who can sing your glory. Sanak, Sanatan, Sanandan, Sanat Kumar etc. Munis, Brahma etc. Gods, Narad, Saraswati, Sheshnag, Yamraj, Kuber etc. full of intelligence and vigour and all Digpals are unable to sing your glory.

Then what to say of mundane scholars and poets. It means that your glory is beyond description.

Glory of Hanuman is at its climax that Gods like Brahma and the great munis can not describe it.

In the Ramrahasyopnishad there is a description that once Sankadi, other Maharshies, Yogi Prahladji etc. went to Hanumanji and inquired about knowledge of the divine. Brave "Vayu Putra Mahabaho ! Kintatvam Brahmadinaam" son of the wind God! Which knowledge of the divine would be good for the Gods like Brahma etc.

Brahmaji told Aikadash Hanumatkawacha to Rishi Agastya, which had been described in the Agastya Sanhita.

Lomash and Vedvyasa have also sung his peans of praise. Maharshi Narad in the Narad Purana and Panchratna has sung about the reputation of Hanumanji.

गोस्वामीजी के कहने का मतलब यह है कि ये सब लोग हनुमानजी की कीर्ति गाते हैं फिर भी इन्हें तृप्ति नहीं मिलती।

तुलसीदासजी इस बात को जानते थे कि हनुमानजी यह पसंद नहीं करते कि कोई उनकी व्यक्तिगत प्रशंसा करे। तुलसीदासजी ने पूरी श्रीहनुमान चालीसा में इस बात का ध्यान रखा कि श्री आंजनेय अपनी स्तुति से नाराज न हो जाएं।

श्रीराम से जोड़कर यदि प्रशंसा हो तो उन्हें फिर भी मान्य है। इसलिए इन पंक्तियों में गोस्वामीजी ने सावधानी रखते हुए व्यक्त किया है कि आपकी प्रशंसा मैं क्या करूं ये महान् विभूतियां भी असमर्थ हैं।

उनका भाव यह है कि मैं कैसे आपका वंदन कर रहा हूँ, जैसे कोई बच्चा अपनी मां से विनय करता है और मां को अपने बच्चे की तोतली भाषा बहुत अच्छी लगती है, उसी प्रकार आप भी मेरी वाणी को स्वीकार करें।

अपनी प्रशंसा न सुनने के स्वभाव के विपरीत श्रीहनुमान चालीसा की पंक्तियों को श्रीहनुमानजी ने इसलिए मान्यता दे दी कि वे अपने भक्तों को, साधकों को निर्णय लेने का पूरा अवसर देना चाहते हैं।

यह जीवन–प्रबंधन का एक और महत्त्वपूर्ण सूत्र है। **यदि इन पंक्तियों से अपने साधकों में नैतिक साहस और नई उत्तेजना पैदा होती है तो यह यशगान श्री आंजनेय को स्वीकार है।**

प्रबंधन में एक नियम है कि आपके अधीनस्थ या सहायक आपका कहना तब ही मानेंगे; या आपके निर्णयों को स्वीकार इस कारण करेंगे कि उन्हें यह भरोसा हो कि आप उनसे अधिक योग्य हैं। बल्कि वे यह भी सोचते हैं कि समय विशेष आने पर आप उनका सही मार्गदर्शन कर सकेंगे।

एक कामयाब प्रबंधक में ये गुण वांछित हैं।

हनुमानजी के व्यक्तित्व में यह बात पूरी तरह से दृष्टिगोचर होती है, इसी कारण ये जन–जन में रचे–बसे हैं, श्रीराम से अधिक इनके मंदिर बने हैं।

आध्यात्मिक विनोद में कुछ विद्वान् यह व्यक्त भी करते हैं कि श्रीहनुमान, श्रीराम के श्रेष्ठ प्रबंधक भी हैं और प्रबंधन के गुण यदि सीखना हो तो इनसे सीखे जाएं।

इसलिए श्रीहनुमान चालीसा जीवन–प्रबंधन का एक सरलतम पाठ्यक्रम है।

कहा जाता है "रेडीरैकनर ऑफ ऑल सोल्यूशन इज़ श्रीहनुमान चालीसा।"

What the Goswamiji means to say is that, all these people sing peans of praise of Hanumanji but they do not get satisfaction.

Tulsidas knew that Hanumanji did not like his personal praise. Tulsidas in the whole of Shri Hanuman Chalisa kept in mind that, Shri Anjaneya should not get angry by his prayer.

If he is praised jointly with Shri Ram he can accept it. So in these lines the Goswamiji very cautiously has expressed that, how he admired Hanuman when these great people were unable to do so.

He means that he is offering prayer to Hanuman in the manner as if some child prays to his mother and mother likes her child's lisping very much. Similarly he should accept his prayer.

Contrary to his nature not to hear his admiration, Hanumanji approved the lines of the Shri Hanuman Chalisa because he wanted to provide full opportunity to his devotees to take decision.

It is an important formula of life management. **If by these lines his devotees get moral encouragement and new inspiration then Shri Anjaneya was ready to accept the song of his glory.**

It is a rule of management that your subordinates and assistants will obey you or accept your decisions, when they are convinced that you are abler than they are. When they think that you will guide them properly on a particular occassion.

In a successful manager these qualities are desirable.

In the personality of Hanumanji this is reflected completely. Therefore he is liked by the people. There are more temples of Hanuman than those of Shri Ram.

In the spiritual humour some scholars say that, Hanumanji is a great manager of Shri Ram.

If you want to learn the qualities of management, you should learn from him.

So the Shri Hanuman Chalisa is the simplest syllabus of Life Management. It is said that, "ready recknor of all solutions is the Shri Hanuman Chalisa."

16

तुम उपकार सुग्रीवहिं कीन्हा।
राम मिलाय राज पद दीन्हा।।

हे हनुमानजी! आपने सुग्रीव पर उपकार किया, श्रीराम से मिलवाकर (बालिवध के पश्चात्) उन्हें राजा का पद भी दिलवाया।

तुलसीदासजी ने यहाँ उपकार शब्द का उपयोग किया है। सुग्रीव पर कैसे उपकार किए? एक तो रामजी से मिलाया, दूसरा उपकार है राज पद दिलाया।

सुग्रीव क्या है ? इसे हम समझ लें। वेदान्त की भाषा में बाली कर्म का प्रतीक है। बाली, सुग्रीव के पीछे पड़ा हुआ है, कर्म हमारे पीछे ऐसे ही लगा हुआ है। मनुष्य को कर्म के बंधन से छुटकारा तभी मिलता है, जब परमात्मा के दर्शन होते हैं।

हनुमानजी ने सुग्रीव को बाली से मुक्ति दिलाई। एक काम तो सुग्रीव का यह हुआ कि कर्म से मुक्ति हुई। यहां उस कर्म की चर्चा है जो मनुष्य में सकाम भाव लाता है।

सुग्रीव भयग्रस्त थे और हनुमानजी ने उनको अभयदान दिया। जीवन में जितने दान होते हैं उनमें एक बड़ा दान है अभयदान।

आप किसी को धन, शक्ति, स्वास्थ्य तो दान में दे सकते हैं लेकिन आप अभयदान नहीं दे सकते। यह सबसे कठिन काम है, क्योंकि मनुष्य को सबसे अधिक भय मृत्यु का होता है। मृत्यु से छुटकारा कौन दिला सकता है? क्या कोई कह सकता है कि मैं इतना बड़ा शक्तिशाली हूँ कि मृत्यु का अभयदान दे सकता हूँ। इतना बड़ा अभयदान कोई नहीं दे सकता।

लेकिन हनुमानजी ने सुग्रीव को श्रीराम से मिलवाकर यह अभयदान दिलवाया।

एक और बात पर विचार किया जा सकता है यह जो उपकार हनुमानजी ने सुग्रीव पर किया वह बहुत छोटा था।

श्रीराम तो मार्ग से आ ही रहे थे उन्हें तो सुग्रीव से मिलना भर ही था। इसमें उपकार की बहुत बड़ी बात नहीं रही। लेकिन बड़ा और वास्तव में उपकार तो

16

Tum upkaar Sugreevanhi keenha, Ram milaye raaj pad deenha.

O Hanumanji ! you obliged Sugreeva by making him meet Rama and (after killing of Baali) made him get royalty.

Here Tulsidasji has used the word upkaar (Obligation). How did he oblige Sugreeva? He made him meet Rama and secondly he made him get kingship.

What is Sugreeva? We should understand this. In the language of Vedanta Bali is the symbol of Karma (work). Bali is after Sugreeva as Karma is after us. Man gets freedom from the bond of Karma when he is free to face God.

Hanumanji helped sugreeva in getting freedom from Bali. Sugreeva was freed from bondage of Karma. Here that Karma is spoken of, which impels desires in him.

Sugreeva was affraid and Hanuman granted him fearlessness. One of the big donations in life is the donation of fearlessness.

You can give money, power or health to anybody in life but you can not grant fearlessness. It is the most difficult task because man is most afraid of death. Who can you make free from death? Can anyone claim to be so powerful as to grant fearlessness from death? Such a great fearlessness cannot be granted by anybody.

But Hanumanji by making Sugreeva meet Shri Ram got him granted fearlessness. Another thing to be considered is that the obligation of Hanumanji to Sugreeva was very small.

Shri Ram was coming by that way. He was likely to meet Sugreeva. There was no question of any obligation. But the big and real obligation was done later.

बाद में किया।

जब यह तय हो गया था कि भगवान् के चातुर्मास के बाद सुग्रीव सीता शोध करवायेंगे। श्रीराम ने सुग्रीव से कहा था आप राजगद्दी सँभालें। हम पवत पर निवास करेंगे तब सुग्रीव ने भगवान् को प्रणाम करते हुए कहा था "प्रभु, सीता शोध मैं अवश्य करूंगा।"

फिर सुग्रीव अपने राजकाज में ऐसे व्यस्त हुए कि वे रामकाज भूल गए।

सुग्रीव का चरित्र हमारी जीवन–शैली के बहुत निकट है। रामकथा के जितने पात्रों का हम दर्शन करें तो उनमें हम सुग्रीव के सबसे निकट बैठते हैं।

हमारा तरीका होता है, हे भगवान्। ऐसा कर दीजिए तो मैं ऐसा कर दूंगा और जब काम हो गया तो हम भगवान् को बिसरा देते हैं, जैसे सुग्रीव ने बिसरा दिया।

सुग्रीवहुँ सुधि मोरि बिसारी।
पावा राज कोस पुर नारी।।

(राचमा. / कि.का / 17 / 2)

श्रीराम ने कहा कि सुग्रीव, राज्य, खजाना, नगर और स्त्री पा गया है, इसलिए मेरी सुध भुला दी है।

तब श्रीराम ने लक्ष्मणजी से कहा "सुग्रीव ने हमारा काम भुला दिया है, जिस बाण से मैंने बाली का वध किया, अब उसी से सुग्रीव का वध करूंगा।"

जेहिं सायक मारा मैं बाली।
तेहिं सर हतौं मूढ़ कहँ काली।।

(राचमा. / कि.का / 17 / 3)

जैसे ही श्रीराम ने लक्ष्मण को यह संकेत दिया और गोस्वामीजी ने लिखा है कि

इहाँ पवनसुत हृदयँ बिचारा।
राम काजु सुग्रीवँ बिसारा।।

(राचमा. / कि.का / 18 / 1)

इधर किष्किंधा नगरी में हनुमानजी ने विचार किया कि सुग्रीव ने श्रीरामजी का कार्य भुला दिया है।

उधर श्रीराम ने कहा, इधर हनुमानजी ने यह सोचा, "राम काजु सुग्रीवँ बिसारा... ।"

ऐसा क्यों हुआ?

प्रनवउँ पवनकुमार खल बन पावक ज्ञान घन।
जासु हृदय आगार बसहिं राम सर चाप धर।।

(राचमा. / बा.कां. / सोरठा–17)

पवनकुमार हनुमानजी को प्रणाम। जो दुष्ट रूपी वन को भस्म करने के लिए

It was decided that, after the Chaturmas (four months of rainy season) of Bhagwan, Sugreeva would get Sita searched. Shri Ram said to Sugreeva to look after the affairs of state. He would reside on the mountain, then Sugreeva bowing to Shri Ram said, "I will surely get Sita searched."

Then Sugreeva became so busy in his state affairs that he forgot work of Shri Rama.

The character of Sugreeva is very near to our life style. If we study all the characters of Ramkatha we find ourselves nearest to Sugreeva. It is our way to pray to God, O Bhagwan! do this to me then I will do that. When the work is done, we forget Bhagwan as Sugreeva did.

Sugreevahun sudhi mori bisari,
Pawa raaj Kos Purnari.

(RCM/ Ki K./17/2)

Shri Ram said, "Sugreeva got his state, treasury, city and wife so he has forgotten me."

Shri Ram said to Laxmanji, "Sugreeva has forgotten my work. The arrow with which I killed Bali, with the same now I will kill Sugreeva."

Jehi sayak mara main Bali,
Tehi sar hataun moodh kahn Kaalee.

(RCM/ Ki.K/17/3)

As soon as Shri Ram indicated this to Laxman the Goswamiji says,

Ihan Pawansut hridayn bichara,
Ram kaaju Sugreeva bisaara .

(RCM/K.K./18/1)

In the city of Kishkindha Hanumanji thought that, Sugreeva had forgotten the work of Shri Ram.

There Shri Ram said and here Hanumanji thought, "Ramkaaj Sugreeva bisara."

Why did this happen,

Pranvau Pawankumar khal ban pawak ghan
Jaasu hriday aagaar basahin Ram sar chaap dhar.

(RCM/B.K./Soratha-17)

I bow to Pawan Kumar Hanumanji who is like fire to burn down

अग्निरूप हैं, जो ज्ञान के आगार हैं और जिनके हृदय रूपी भवन में धनुष बाण धारण किए श्रीरामजी निवास करते हैं।

क्योंकि श्रीराम तो हनुमान के हृदय में ही बैठे हुए हैं इसलिए श्रीहनुमानजी को श्रीराम के भाव का ज्ञान हो गया। तब हनुमानजी सुग्रीव के पास पहुंचे।

निकट जाइ चरनन्हि सिरु नावा।
चारिहु बिधि तेहि कहि समुझावा।।

(राचमा. / कि.का / 18 / 1)

सुग्रीव के पास जाकर चरणों में सिर नवाया और सभी प्रकार की नीति (साम, दाम, दण्ड, भेद) से समझाया।

यहां तुलसीदासजी ने बहुत सुंदर पंक्तियां लिखी हैं। कैसा अद्‌भुत चरित्र है हनुमानजी का। कितने जागरूक हैं वे। एक–एक आचरण उनका समझने जैसा है।

सुग्रीव के निकट गए, उनके चरण स्पर्श किए और समझाया। व्यक्ति आता है, चरण स्पर्श करता है और अगली पंक्ति में समझाता है। क्या कभी हमने ऐसा देखा है कि पैर पकड़कर किसी को समझाया गया हो।

लेकिन हनुमानजी अपनी मर्यादा का पालन करते हैं। वे जानते हैं कि वे सुग्रीव के सचिव हैं। राजा के रूप में सुग्रीव की मर्यादा रखी। निकट गए और पहले प्रणाम किया ताकि राजा का जो अहंकार होता है, उसे संतुष्टि मिल जाए।

फिर चार प्रकार की विधि से समझाया। ये चार विधियां हैं–साम, दाम, दंड और भेद।

साम विधि से समझाया–"सुग्रीवजी, बात यह हुई थी कि वे बाली को मारेंगे और आप सीताजी को ढूंढ़ेंगे। श्रीराम को तो फिर भी बुराई मिलनी ही थी कि उन्होंने बाली को मारा। पर यदि आप सीता जी की खोज करेंगे तो आपको प्रशंसा ही प्रशंसा मिलेगी।"

फिर दाम विधि से समझाया–"उन्होंने तो आपका काम किया, अब आप उनका काम करें।"

फिर दंड नीति से समझाया–"श्रीराम ने जब बाली को मारा तो वह बाण वापस उन्हीं के तरकश में चला गया, क्यों? क्योंकि उससे आपका भी वध किया जा सकता है।"

अंत में भेद नीति से समझाया–"आपको राजा बनाया है और साथ में अंगद को युवराज बनाया है। जहां आपने गड़बड़ की, तो अंगद को राजा बना दिया जाएगा।"

जिस तरह से हनुमानजी ने सुग्रीव को राम कार्य का स्मरण कराया **प्रबंधन की भाषा में इसे 'फॉलोअप' कहते हैं। अच्छे-अच्छे समर्पित, परिश्रमी और चतुर लोग**

the Jungle of wicked people. Who is storage of knowledge and in whose heart resides Shri Ram with his bow and arrow.

Because Shri Ram resides in the heart of Shri Hanuman so Hanumanji came to know the sentiments of Shri Ram. Then he went to Sugreeva.

Nikat jai charnanhi siru nava,
Charihu bidhi tehi kahi samujhava.

(RCM./Ki.K/18/1)

He went to Sugreeva bowed to his feet and explained to him the policy by the four ways Sam (agreement), dam (money matters), Dand (punishment), Bheda (secret intelligence).

Here Tulsidasji has written beautiful lines. How wonderful character Hanumanji has! How conscious he is. His every conduct is worth understanding.

He went to Sugreeva, touched his feet, then he explained. A person comes, touches feet and explains. Have we ever seen that a person was made to understand by touching his feet.

But Hanumanji keeps his limits. He knows that he is a secretary to Sugreeva. As a king he kept the honour of Sugreeva. He went to him, bowed so that the pride of a king should be satisfied.

Then he explained to him by these four ways. Those ways are – Sam, Dam, Dand and Bheda.

He explained by Sam ways, "Sugreevaji! It was decided that he would kill Bali and you would search Sita. Shri Ram will to be condemned because he killed Bali. But if you search Sita you will be praised."

Then he used Dam, "he did your job, now you should reciprocate him."

Then he used Dand, "when Shri Ram killed Bali then the arrow used went back to his quiver, why? Because you can also be killed by the same arrow."

In the end he used Bheda, "He has made you the king and Angad the crown prince and an heir apparent. If you create trouble Angad would be made king."

The way Hanumanji got the work of Shri Ram remembered by Sugreeva, in the language of management, it is called "follow up" action. **The very good dedicated, laborious and clever people are unable**

भी फॉलोअप न करने की कमजोरी के कारण काम को पूरा अंजाम नहीं दे पाते। फॉलोअप की कला के दो आधार हैं–स्मरण-शक्ति और व्यवस्थित रहना।

जिनके हृदय में श्रीराम बसते हैं, उनमें ये दो गुण स्वतः आ जाते हैं, श्रीहनुमत चरित्र से यही प्रेरणा मिलती है।

सुग्रीव को बात तुरंत समझ में आ गई। वे सोचने लगे कि बड़ी भूल हो गई, वे डर से कांपने लगे। तब तक तो बाहर टंकार हो चुकी थी, लक्ष्मणजी महल के द्वार पर पहुंच चुके थे।

एहि अवसर लछिमन पुर आए।
क्रोध देखि जहँ तहँ कपि धाए।।

(राचमा. / कि.कां. / 18 / 4)

उसी समय लक्ष्मणजी नगर में आए उनका क्रोध देखकर वानर जहां–तहां भाग गए।

लक्ष्मणजी को आदेश मिल चुका था। रामजी का ऐसा आदेश तो लक्ष्मणजी को बहुत प्रिय था। सुग्रीव घबराए। लक्ष्मणजी के क्रोध के आगे कौन टिक सकता है? उनके तेज के आगे परशुरामजी को भी मस्तक झुकाना पड़ा था।

सुग्रीव परेशान थे, निर्णय नहीं ले पा रहे थे क्या किया जाए? हनुमानजी सबके रक्षक हैं। सुग्रीव ने हनुमानजी से कहा–

सुनु हनुमंत संग लै तारा।
करि बिनती समुझाउ कुमारा।।

(राचमा. / कि.कां. / 19 / 2)

हे हनुमान! आप तारा (बाली की पत्नी) के साथ जाकर लक्ष्मणजी को विनती कर ले आइए।

तारा को साथ लेकर हनुमानजी गए।

इस प्रसंग में यह बात सामने आती है कि हनुमानजी मनोविज्ञान के बहुत बड़े ज्ञाता हैं। उनको मालूम था कि लक्ष्मणजी बहुत क्रोध में हैं अतः उन्हें बड़ी बुद्धिमानी से समझाना होगा। उस पर गलती सुग्रीव पक्ष की ही थी।

हनुमानजी जानते थे कि तारा के प्रति लक्ष्मणजी सहानुभूति का भाव रखते थे। हनुमानजी यह भी जानते थे कि लक्ष्मणजी को स्वयं की प्रशंसा प्रिय नहीं है।

रामचरितमानस में ये पंक्तियां आती हैं–

तारा सहित जाइ हनुमाना।
चरन बंदि प्रभु सुजस बखाना।।

(राचमा. / कि.कां. / 19 / 2)

तारा के साथ जाकर हनुमानजी ने लक्ष्मणजी को प्रणाम किया और प्रभु (श्रीराम) का यश वर्णन किया।

to complete the job because of lack of follow up action. There are two bases of follow up art—memory and being systematic.

A person in whose heart Shri Ram resides automatically acquires these virtues. We get this inspiration from the character of Shri Hanumanji.

Sugreeva understood the whole thing. He thought that he made a big mistake. He trembled with fear. Meanwhile there was a twang outside. Laxman had reached the palace gate.

Ahi avasar Lachiman pur aaye,
Krodha dekhi jahan tahan kapi dhaye.

(RCM./Ki.K./18/4)

At the same time Laxmanji came to the city. Looking to his anger monkeys ran away from there.

Laxmanji had the order. Such an order of Shri Ram was very dear to Laxmanji. Sugreeva was affraid. Who can face the anger of Laxmanji?. Before the sheen of Laxmanji even Parasuram had to bow his head.

Sugreeva was in trouble. He was not able to decide as to what should be done. Hanumanji protects everyone. Sugreeva said to Hanumanji—

Sunu Hanumant sang lai tara,
Kari binati samujhau kumara.

(RCM/Ki.K./19/2)

O Hanumanji! You go along with Tara (wife of Bali) and bring Laxmanji with you by praying.

Hanumanji went with Tara.

In this context one thing comes to the fore that Hanumanji knew psychology very well. He knew that Laxmanji was very angry and he was to be treated intelligently. Sugreeva's side was astray

Hanumanji knew that Laxmanji had sympathy with Tara. Hanumanji also knew that Laxmanji was not fond of hearing praise.

The Ramcharitmanas says—

Tara sahit jaai Hanumana,
Charan bandi Prabhu sujas bakhana.

(RCM/Ki.K/19/2)

Hanumanji went with Tara, bowed before Laxman and spoke about the gloory of Ram.

हनुमानजी जानते हैं कि लक्ष्मणजी को प्रिय क्या है–प्रभु का यशगान।

यहां श्रीहनुमान के चरित्र से प्रबंधन का एक सुन्दर सूत्र समझा जा सकता है। हनुमानजी सुग्रीव का साथ देते हैं, तारा को साथ लेकर लक्ष्मण के सामने भी जाते हैं, पर वहां गुण रामजी के ही गाते हैं।

वे कितनी ही दुनियादारी करते हुए दिखे पर अंत में जुड़ाव उनका श्रीराम से ही है। *इसे प्रबंधन की भाषा में काम करते समय 'डिटैच्ड अटैचमेंट' कहा जाता है। इससे ही निष्पक्षता आती है और निर्णय कारगर होते हैं।*

श्रीराम से जुड़ने का अर्थ है एक श्रेष्ठ लक्ष्य की ओर जाना।

जैसे ही प्रभु का यशगान सुना, लक्ष्मणजी का आधा क्रोध शांत हो गया।

यहां हनुमानजी ने एक और युक्ति से काम लिया–

करि बिनती मंदिर लै आए।
चरन पखारि पलँग बैठाए।।

(राचमा. / कि.का / 19 / 3)

लक्ष्मणजी से विनती की कि महाराज आप पधारिए। उन्हें महल में ले आए तथा चरण धोकर उन्हें पलंग पर बैठाया।

गोस्वामीजी कहीं–कहीं बहुत चमत्कारी भाषा लिखते हैं।

"करि बिनती मंदिर लै आए" यहां तक तो समझ में आता है कि किसी को अपने मंदिर (भवन) में लाया जाए। लेकिन कोई यदि हमारे घर आया हो और वह भी प्रथम बार ही आया हो तो क्या हम सीधे उसे शयनकक्ष में ले जाएंगे? वहां ले जाकर आसन ही नहीं दिया बल्कि सीधे पलंग पर बैठा दिया। सुनने में बड़ा आश्चर्यजनक लगता है।

कहीं गोस्वामीजी से कोई भूल तो नहीं हो गई। हनुमानजी तो कोई भूल कर ही नहीं सकते। लेकिन लक्ष्मणजी को लेकर आए हैं, शयनकक्ष में पलंग पर बैठाया है।

यहां सुग्रीव के कक्ष को मंदिर कहा गया है।

जहां लक्ष्मण आ गए हों वह स्थान मंदिर बन ही जाएगा। लक्ष्मणजी साक्षात् वैराग्य हैं। **संकेत यह है कि जिस घर में वैराग्य हो वह घर मंदिर हो जाता है।**

लक्ष्मणजी को हनुमानजी ने सुग्रीव के पलंग पर बैठा दिया।

एक तो लक्ष्मणजी शेषनाग के अवतार हैं। क्या कोई अपने पलंग पर नाग को देखना पसंद करेगा? फिर ऐसे व्यक्ति को जो 14 वर्ष से निद्रा त्याग चुका हो, उन्हें पलंग पर बैठा दिया। लक्ष्मणजी ने कहा "चलो, प्रेम से बैठाया है तो हम इस कक्ष में पलंग पर बैठ गए हैं।"

लेकिन लक्ष्मणजी ने पूछा "हनुमंतजी, यहां क्यों बैठाया?"

Hanumanji knew that Laxmanji likes the praising Shri Ram.

Here from the character of Hanumanji a good formula of management can be discerned. Hanumanji supports Sugreeva, he goes before Laxmanji with Tara, but there he sings of the virtues of Shri Ram.

Howsoever, he may look man of the world but ultimately his attachment is with Shri Ram. In the language of Management it is called "detached attachment". It makes you impartial you take decisions become effective decisions.

To attach with Shri Ram means to go for a higher aim.

As soon as he heard the song of Shri Ram's glory, half the anger of Laxman was calmed down. Hanumanji employed another tact here.

Kari binati mandir lai aaye,
charan pakhari palang baithaye.

(RCM/Ki.K/19/3)

He prayed to Laxmanji to come to the palace. He brought him to the palace washed his feet and made him sit on a bedstead.

Goswamji sometimes uses very wonderful language.

"Kari binati mandir lai aaye" here one can understand that someone is to be brought to one's house. But if someone comes to our house for the first time, would we take him directly to our sleeping room? Taking him there he was not provided another seat but he was made to sit on bedstead. Hearing this it looks very wonderful.

Has the Goswamiji made a mistake? Hanumanji can never make a mistake. He brought Laxmanji and made him sit on a bedstead in the sleeping room.

Here Sugreeva's room has been called a mandir (temple).

Where Laxmanji visits, the place would be turned into a temple. Laxmanji is asceticism incarnate. **Indication is that the house where there is asceticism would be turned into a temple.**

Hanumanji made Laxmanji sit on the bedstead of Sugreevji.

Laxmanji is an incarnation of Sheshnag. Can anyone like to see a serpent on his bedstead? Then a person who has relinquished sleep for fourteen years was made to sit on a bedstead with affection.

Laxmanji said, " I must sit here in this room on the bedstead."

But Laxmanji asked, "Hanumanji,why have made me sit here?"

हनुमानजी बोले "महाराज, वर्तमान में किष्किंधा में आपके बैठने के लिए सबसे अच्छा स्थान यही है, क्योंकि पूरी किष्किंधा इस समय तमोमयी निद्रा में सोई हुई है। हम सब सोए हुए हैं। आपके आने के बाद किष्किंधा का जीवन जागरूक हो जाएगा।"

हमारे लिए इस प्रसंग से यही संकेत है कि मनुष्य को समय का बोध 'काल' से ही होता है। काल यानि मृत्यु का प्रतीक। शेषनाग (लक्ष्मण) इसी का प्रतीक हैं और चूंकि हम लोगों को मृत्यु का भय है इसलिए हम काल की गणना करते हैं, लेकिन हम दुनियादारी की आपाधापी में, समय का बोध भूल भी जाते हैं।

हनुमानजी ने लक्ष्मणजी को इसीलिए पलंग पर बैठाया कि वहां मनुष्य सोता है। हनुमानजी का मानना था कि यदि लक्ष्मणजी यहां बैठ गए, तो फिर प्राणी सोएंगे नहीं, जागृत रहेंगे। यह कौन–सी जागृत अवस्था है, यह हमारे नियमित सोने और जागने वाली बात नहीं है।

यह अध्यात्म की भाषा है। साधक हमेशा जागृत अवस्था में रहता है, सोते हुए भी वह जागता है। इसे कहते हैं होश में रहना जैसे योगी रहते हैं।

लक्ष्मणजी के इस प्रसंग से यह अर्थ मिलता है कि एक साधक को समय का बोध होना बहुत आवश्यक है। प्रबंधन भाषा में इसे टाईम मैनेजमेंट कहते हैं।

वर्ष 2004 में जब मैं अमेरिका यात्रा पर था तब मुझे एक बात समझ में आई! पूरब और पश्चिम की जीवनशैली में जितने अंतर हैं उसमें एक अंतर समय के उपयोग और बोध का भी है।

विज्ञान में पूरब ने कम उन्नति इसलिए की है कि हमारे यहां पुनर्जन्म की मान्यता है। हम सोचते हैं कि इस जन्म में नहीं तो अगले जन्म में सही, शेष काम तब कर लेंगे। पुनर्जन्म की विशेषताओं को हमने अपने आलस्य और जड़ता से दोष में बदल दिया।

लेकिन पश्चिम वाले एक ही जन्म को मानते हैं। वे सोचते हैं कि जो कुछ भी करना है एक ही जन्म में, इसी आयु में करना है। इसीलिए वे बहुत जल्दी में रहते हैं। विदेश में हर आदमी बहुत दौड़ता हुआ मिलेगा। वहां विज्ञान का विकास भी इसीलिए है। तो दोनों जगहों में जो विशेषता थी, वही उन स्थानों में दोष बन गई।

हमारे यहां विशेषता यह है कि हम शांति से, धैर्य से काम करते हैं, भागते–दौड़ते नहीं। लेकिन यही शांति आलस्य में बदली और हमारे देश के विकास की गति और नियति पर विपरीत प्रभाव पड़ा। हमें तो मालूम है कि तीन–चार जन्म मिलना ही है। अनेक योनियों का वर्णन है हमारे यहां।

इसलिए हम मानकर चलते हैं कि समय–बोध क्यों करें। अभी 25 वर्ष की

Hanumanji said," Maharaj! presently in the whole of Kishkindha the best place for you to sit is this, because Kishkindha sleeps in the darkness of ignorance. We are all asleep. After your visit the life of Kishkindha will regain consciousness."

For us from this context it is indicated that, man comes to know of time by Kala. Kala is symbol of death. Shehsnaga (Laxman) is the symbol of this and since we are afraid of death, we reckon the Kala but in the humdrum of life we forget the sense of time.

Hanumanji made Laxmanji sit on the bedstead because man sleeps there on. Hanumanji thought that if Laxmanji sat there, the people would not sleep, they would be wide awake. What is this situation of being awake. It has nothing to do with our regular sleeping and waking.

It is the language of spiritualism. A devotee is always awake. He is awake while sleeping. It is called to remain in senses as the Yogis do.

From this context of Laxmanji we can derive that a devotee necessarily should have a sense of time. In the language of management it is called time management.

During 2004 when I was on a tour of America, I came to know one thing. Amongst all the differences between the life styles of the east and the west one difference is the sense and utilization of time.

The east could not make much head way in science because we give credence to trans-migration of soul, that is rebirth. We think that if not in this life then in the next life we shall complete the remaining work. By virtue of our laziness and stagnation we have converted the specialities of rebirth into a vice.

But the people in the west give credence only to one birth. They think that what is to be done is to be done only in this life. That is why they are always in a hurry. Every person in the foreign countries appears to be running. That is why there is progress in science. Thus the specialities of both the places become vice.

It is our quality that we do things with calmness and patience. We do not run. But this calmness turned into laziness influences the pace of progress and fortune of our country adversely. We know that we are sure to get three or four births. We have description of

आयु है, भजन, ध्यान–पूजन अभी से क्यों करें। पहले घर बसा लें, दुनियादारी कर लें। फिर 40 की उम्र तक पहुंच जाते हैं और जब उम्र बीत जाती है, तो गड़बड़ होने लगती है। घर वाले बुढ़ापे में ताना देते हैं, हाशिये पर पटक देते हैं। तब आदमी सोचता है कि अब रामभजन करें। क्योंकि समय का, काल का बुलावा आने वाला है।

हम सुग्रीव जैसे हो गए हैं। अतः अपने शयनकक्ष में जहां हमको निद्रा आती है वहां काल का भाव बनाए रखें, मृत्यु का बोध बनाए रखें, न जाने कब मृत्यु आ जाए।

इसलिए जीवन में जो समय है, उसमें साधना करें। उसका सदुपयोग करें, जो क्षण है वह ईश्वर के चिन्तन का क्षण रखें।

हनुमानजी ने सुग्रीव को इस प्रकार समझाकर असली उपकार किया था।

अब हनुमानजी की एक विशेषता और देखिए। वे रामजी की सेवा भी करते हैं और रामजी के भक्तों की सेवा भी करते हैं। श्रीराम की सेवा भरतजी करते हैं, शत्रुघ्नजी भी करते हैं, लखनजी भी करते हैं, लेकिन हनुमानजी एकमात्र ऐसे हैं जो रामजी की भी सेवा करते हैं और रामजी के दास की भी सेवा करते हैं।

यदि लक्ष्मणजी से कहा जाए कि उन्हें किसी राम के दास की सेवा करना है तो वे थोड़ा संकोच करेंगे। वे तो केवट को देखकर ही नाराज हो गए थे। केवट की गतिविधियों पर तीर निकालने के लिए तैयार थे।

लेकिन हनुमानजी सुग्रीव की सेवा भी करेंगे और रामजी की भी सेवा करेंगे। इस तरह उपकार उन्होंने सुग्रीव पर किया था। गोस्वामीजी ने चौपाई में लिखा है–

तुम उपकार सुग्रीवहिं कीन्हा।
राम मिलाय राज पद दीन्हा।।

यह राजपद क्या है? **मनुष्य के अंदर ज्ञान, भक्ति और कर्म का उदय हो जाए यही राजपद है।** हनुमानजी की कृपा से यही राजपद सुग्रीव के भीतर उदय हो गया था। हमारे अंदर इन तीनों का प्रादुर्भाव हो जाए तो हम भी राजपद प्राप्त कर लेंगे।

इस पूरे प्रसंग को यदि प्रबंधन के ज्ञान की दृष्टि से देखा जाए तो हनुमानजी में, एक और विशेषता दिखती है। 'क्राइसिस मैनेजमेंट' में दूरदर्शिता एक आवश्यक तत्त्व है, सुग्रीव को त्वरित और आक्रामक शैली से समझाना, लक्ष्मणजी को बुद्धिमानी से 'हैण्डल' करना उनकी दूरदर्शिता का प्रमाण है।

आज के दौर में प्रबंधन का एक गूढ़ मंत्र है दुस्साहसी, अव्वल और सबसे अलग बनो।

many Yonies (births).

We, therfore, consider why should we do bhajan, meditation and worship now. First we should arrange our house, we should be men of the world. Then he reaches the age of forty and when the old age sets in and trouble begins, family members taunt in the old age. They marginalize him. Then Man thinks that he should do Ram bhajan because the call of the end is approching fast.

We have become like Sugreeva. So in our sleeping room where we sleep we should have a sense of time, sense of death. no one know when death comes.

So during the life time we should follow spiritual discipline. We should make the most of it. Every moment we should think of God.

Hanumanji by making Sugreeva understand thus obliged him the most.

Now see one more quality of Hanumanji. He serves Shri Ram as well as his devotees, Bharata, Shatrughna and Laxman all serve Shri Ram but it is only Hanumanji who serves Shri Ram as well as his slave.

If Laxmanji is asked to serve any slave of Ram, he will Shrink from it. He became angry simply by looking at Kevat (fisherman). He was ready to take out an arrow for the activities of the Kewat.

But Hanumanji serves Sugreeva as well as Shri Ram. Thus he obliged Sugreeva. Goswamji wrote–

Tum upkaar Sugreevahin keenha,
Ram milae raaj pad deenha.

What is this raajpad (kingship). **If there is knowledge, devotion and work in man's mind, that is kingship.** By kindness of Hanumanji that kingship was raised in the mind of Sugreeva. If these three things germinate in our mind then we can also get that kingship.

This whole incident if looked from the points of view of management we get another quality of Hanumanji. **In crisis management a long term view is an important element. To explain to Sugreeva with the instant and aggressive style and to handle Laxmanji with intellligence is the proof of his long term view.**

A secret mantra of today's management is to become adventurist, be the first and different from others.

किसी को दान या अन्य तरीके से मदद करके ही अपनी जिम्मेदारी से मुक्त न हो जाएं बल्कि उसके दुख में भी स्वयं हिस्सेदारी करें जिसे पर्सनल टच माना जाएगा।

जीवन-प्रबंधन के इस नजरिए को केयरिंग, शेयरिंग और हेल्पिंग कहा जाता है। हनुमानजी के चरित्र में इन तीनों तत्त्वों का अद्भुत मिश्रण है।

Simply by devoting or helping in other ways you should not get rid of your responsibility but you should participate in the grief of others which will be treated as personal touch.

It is called caring, sharing and helping of life management. There is wonderful mix of these three in the character of Hanumanji.

17

तुम्हरो मंत्र बिभीषन माना।
लंकेश्वर भए सब जग जाना।।

आपके परामर्श (मंत्र) से विभीषण लंका के राजा बन गए यह सारा संसार जानता है।

गोस्वामीजी कहते हैं कि आपने सुग्रीव पर तो उपकार किया लेकिन विभीषण को मंत्र दिया और विभीषण ने मंत्र को माना भी तथा लंकेश्वर बन गए।

मतलब हनुमानजी एकमात्र देवता हैं जो राम से भी मिलाते हैं और राज भी दिलाते हैं। यदि किसी को राज की आकांक्षा हो तो वह भी दिला देंगे और राम तो दिला ही देंगे।

विभीषण को जो मंत्र श्री आंजनेय ने दिया था वह मंत्र था क्या? प्रसंग आता है कि सीता शोध के समय हनुमानजी लंका में घूम रहे थे, थोड़े परेशान थे, क्योंकि लंका में तो सब जगह आडम्बर, छल–कपट था। वे बहुत सावधानी रख रहे थे तब उन्होंने देखा कि पूरी लंका में एक अलग ही भवन दिख रहा है।

भवन एक पुनि दीख सुहावा।
हरि मंदिर तहँ भिन्न बनावा।।

(राचमा. / सुं.का. 4 / 4)

एक सुन्दर महल दिखायी दिया। वहां (उसमें) भगवान का एक अलग मंदिर बना हुआ था।

उन्होंने सोचा कि लंका में हरि का मंदिर अलग से कैसे हो सकता है? लंका में रावण का सिंद्धात यह है कि हरि की पूजा होना ही नहीं चाहिए, वह तो 'हर' (शिव) की पूजा करता था। वैसे ही मतभेद था। अतः हरि का यह मंदिर कहीं छल तो नहीं है।

रावण ने सीताजी को छल से साधु के वेश में हरण किया गया था। इसीलिए हनुमानजी को लंका में किसी भी बात का विश्वास नहीं था।

17

Tumharo mantra Bibhishan mana,
Lankeshwar bhaye sab jag jana.

You advice was followed by Vibhishan and the whole world knows that he became the king of Lanka.

Goswamiji says that, you obliged Sugreeva but you advised Vibhishan and he accepted your advice and became the king of Lanka. **It means that Hanumanji is the only God who makes you meet Shri Ram and helps you in acquiring kingdom.** If any body desires kingdom he will help you in acquiring it and he will also make you meet Rama.

What was the mantra (advice) given by Shri Anjaneya to Vibhishan. There is the context that Hanumanji was wandering ir Lanka in search of Sita. He was a little worried because in Lanka everywhere there was pomp and deception. He was keeping a great caution then he saw that in the whole of Lanka there was a house which looked quite different.

Bhawan aik puni deekh suhava,
Hari mandir tahan bhinna banawa.

(RCM/Su.K./4/4)

He saw a beautiful palace and there stood a separate temple of Bhagwan.

He thought how there could be a separate temple of God in Lanka. It was a principle of Ravan in Lanka that Hari should not be worshiped there, he worshiped Har (Shiva). There was a difference of opinion. So was that temple a deception?

Ravan kidnapped Sita by deception in the guise of a saint. Therfore Hanuman did not believe in anything in Lanka.

लंका निसिचर निकर निवासा।
इहाँ कहाँ सज्जन कर बासा।।
मन महुँ तरक करैं कपि लागा।
तेहीं समय बिभीषनु जागा।।
राम राम तेहिं सुमिरन कीन्हा।
हृदयँ हरष कपि सज्जन चीन्हा।।
एहि सन हठि करिहउँ पहिचानी।
साधु ते होइ न कारज हानी।।

(राचमा./सुं.का. 5/1–2)

लंका तो राक्षसों के समूह का निवास स्थान है। यहां सज्जन का निवास कहां? हनुमानजी इस प्रकार मन में तर्क करने लगे। उसी समय विभीषण जागे। विभीषणजी ने राम नाम का उच्चारण किया। हनुमानजी ने उन्हें सज्जन जाना और हर्षित हुए। हनुमानजी ने विचार किया इनसे हठ करके परिचय करूंगा। क्योंकि साधु से कार्य की कोई हानि नहीं होती।

एहि सन हठि करिहउँ पहिचानी...

''इनसे हठ पूर्वक आगे रहकर परिचय प्राप्त किया जाए'' अब जरा इन पंक्तियों के संकेत पर विचार करें। राम नाम का सच्चा स्मरण तभी होगा जब हमारे मन में राम नाम हो तो हमसे मिलने वाले, सामने वाले व्यक्ति के मन में भी हमारे प्रति हर्ष जागे। **पहली शर्त क्या होना चाहिए कि हम यदि राम नाम कहें तो दूसरे को हर्ष हो।**

जीवन में ऐसा होता है कि कुछ व्यक्तियों को देखकर हमें हर्ष होता है। उनके पास बैठने में हमें अच्छा लगता है। वह अगर मन ही मन जाप कर रहा है तो उसका सद्प्रभाव हम पर भी पड़ता है।

विभीषण ने राम–राम कहा और हनुमानजी हर्षित हो गए। लेकिन गोस्वामीजी ने एक शर्त और रख दी। आदमी केवल प्रसन्न हो जाए, इतना ही नहीं, आपके सामने आने पर किसी को ऐसा लगे कि इनसे आगे रहकर मित्रता की जाए, पहचान की जाए। क्यों? क्योंकि ''साधु ते होई न कारज हानी'' साधु से परिचय करने पर कुछ नुकसान नहीं होता है।

आज के समय में यह भी एक बड़ा आश्वासन है कि इस व्यक्ति से हमें हानि नहीं होगी। क्योंकि आज हरेक दूसरे पर संदेह कर रहा है। चारों ओर अविश्वास का वातावरण है।

इसलिए जो लोग राम नाम जपते हैं वे न सिर्फ स्वयं शुद्ध होते हैं बल्कि वातावरण को शुद्ध कर देते हैं।

Lanka nisichar nikar niwasa,
Ihan kahan sajjan kar basa.
Man mahu tarak kare kapi laga,
Tehi samaya Vibhishanu jaga.
Ram Ram tehin sumiran kinha,
Hriday harash kapi sajjan chinha.
Aihi san hathi karihaun pahichani,
Sadhu te hoi na karaj hani.

(RCM/s.k. 5/1-2)

Lanka is the residence of ogre folk. Here should not be residence of gentleman. Hanuman thus started arguing the matter in his mind. At the same time Vibhishan woke up. Vibhishan pronounced the name of Rama. Hanumanji thought him to be a gentleman and was happy. Hanumanji thought that he would be abdurate in making acquaintance with him, because no harm could be done to the job by a gentleman.

Aihi san hathi kari haun pahichani.

"I should have acquitance with this man abdurately," Now think of the indication given by these lines. The true rememberence of Ram's name can be done, when Ram's name is in our mind. Then the person meeting will also feel happy. **The first condition is that, if we pronounce Ram's name the listener should feel happy.**

It so happens in life that simply by seeing some people we feel happy, we feel good to sit near them. If he is doing jap silently and mentally its good effect is felt by us.

Vibhishan pronounecd Ram and Hanumanji felt happy. But the Goswamji puts a condition. Not only that a man should feel happy but also he should be willing to have acquaintance and friendship with you. Why? Because no harm can be done to the job by a gentleman.

Today it is a big assurance that no harm will be done by this man.

Today everybody doubts everybody. Every where there is an atmosphere of distrust.

Therefore those who pronounce Ram's name make pure not only themselves but they purify the atmosphere.

Seeing Hanumanji Vibhishan stood up and asked, "who are you?" Then the conversation ensued.

Hanumanji said,"Look Visbhishan, you are pronouncing Ram's

हनुमानजी को देखकर विभीषणजी खड़े हो गए, पूछा "आप कौन हैं?" तथा अन्य सारी बातें हुईं।

तब हनुमानजी ने कहा "देखिये विभीषणजी, आप राम नाम तो ले रहे हैं, लेकिन आप राम काम नहीं कर रहे। राम नाम जप रहे हैं, तुलसी क्यारा लगा रखा है, हरि मंदिर बना रखा है, लेकिन इसी स्थान पर रावण ने अपहृत सीताजी को बंदी बनाकर रखा है और आप कुछ नहीं कर रहे हैं? ऐसे राम नाम लेने से क्या फायदा? भक्ति कैद है और आप भक्त बने हुए हैं? क्या यह ठीक है?"

विभीषण जैसी भक्ति हम भी करते हैं।

रावण ने विभीषण के लिए एक मकान बना दिया था। उसमें एक मंदिर बना दिया था। रावण का कहना था, "तुम अपनी पूजा करते रहो, हमें आपत्ति नहीं।" इनको मंदिर मिल गया, पूजन करना मिल गया तो इन्होंने सोचा कि रावण जो करे सो करे, हमें क्या लेना देना।

यह देखिये, पाप ने आपकी व्यवस्था कर दी तो आपने पाप को अनुमति दे दी कि तू पाप करता रहे।

इस प्रकार भक्ति नहीं हो सकती, ऐसे राम नहीं मिल सकते। हमारी सबकी भक्ति ऐसे ही चलती रहती है। यदि भ्रष्टाचार से धन आ रहा है तो आने दो, आधा मंदिर में दे देंगे। पाप अपने को दे रहा है तो देने दो, दान-पुण्य कर देंगे। विभीषण इसी विचारधारा का पालन कर रहे थे।

रावण बहुत चतुर था। उसने यह व्यवस्था इसलिए भी की थी कि जब ब्रह्मा ने तीनों भाइयों को वर दिया था तब रावण ने कान लगाकर सुन लिया था, विभीषण ने क्या मांगा।

विभीषण ने भगवान से मांगा था कि जनम–जनम तक प्रभु के चरणों में मेरी भक्ति बनी रहे। रावण को भी ब्रह्मा ने वरदान दिया था। रावण ने सोचा कि यदि मैंने विभीषण को भक्ति नहीं करने दी तो ब्रह्माजी का इसको दिया वरदान असत्य साबित हो जाएगा और मुझे दिया वरदान भी अपूर्ण हो जाएगा।

रावण ने वरदान मांगा था।

"हम काहू के मरहिं न मारें।
बानर मनुज जाति दुइ बारें।।"

(राचमा. / बा.का. 176 / 2)

वानर और मनुष्य इन दोनो जातियों को छोड़कर हम और किसी के हाथों न मरें। (यह वर दीजिए)

अपने वरदान को सही करने के लिए उसने विभीषण के लिए मंदिर बनवाया और उसको पूजा करने की व्यवस्था जुटा दी।

name, but you are not doing his work. You have grown Tulsi on a bed, you have built a Hari temple. But at this place Ravan has kept kidnapped Sitaji in confinement and you are doing nothing. What is the use of pronouncing Ram's name? Devotion is under confinement and you remain a devotee. Is it right?"

We are also devotees like Vibhishan.

Ravan built a house for Vibhishan. There he also built a temple. Ravan used to say, "you do your worship. I have no objection." He got a temple, he was allowed to worship, he thought,"let Ravan do what he likes. I have nothing to do with him."

Look, sin has made some arrangement for you and you have allowed sinner to go on sinning.

This way you cannot be a devotee, you cannot find Ram. Our devotion goes on like this. If money is coming by means of corruption, let it come, the half of it will be invested in a temple. If sin is providing something let it provide, it will be donated. Vibhishan was following this ideology.

Ravan was very clever. He made this arrangement because he had eavesdropped the boon that was given to Vibhishan by Brahma out of the two brothers.

Vibhishan asked for his devotion for Bhagwan for many births. Brahma conferred a boon on Ravan also. Ravan thought that if he did not allow devotion of Vibhishan to take place, the boon given to him by Brahma would be rendered infructuous and the boon given to him would also be incomplete.

Ravan asked for the boon -

Ham kahu ke marhi na mare,
Banar manuj jaati dui bare.

(RCM/Ba.K. 176/2)

I should not be killed by anybody except the mokeys and men (give me boon).

In order to make his boon effective, he built a temple for Vibhishan and arranged for his worship.

In his previous birth Ravan was Hiranyakashyapu. He prevented his own son Prahlada from indulging in devotion. Prahlada devoted himself more intensely. He attained God. Hiranyakashipu had to die for this cause.

रावण पिछले जन्म में हिरण्यकशिपु था। उसने अपने ही पुत्र प्रह्लाद को भक्ति करने से रोका था। प्रह्लाद ने और अधिक मन लगाकर भक्ति की थी, उन्हें भगवान् मिल गए थे। इस कारण से हिरण्यकशिपु को मरना पड़ा था।

जब हिरण्यकशिपु रावण बना तो सावधान हो गया। उसने सोचा कि यदि इसे (विभीषण को) भक्ति करने से रोकूंगा तो इसे भगवान् जल्दी मिल जाएंगे। इसलिए उसने विभीषण को पूजा करने के लिए सारी व्यवस्थाएं जुटा दी थीं। अब इतनी सुविधाएं जब पाप ने दे ही दी थी, तो विभीषण भी आराधना-साधना करते रहे। लेकिन उनकी साधना का सारा पुण्य तो लंका को प्राप्त हो रहा था।

इसी कारण तब तक विभीषण को परमात्मा नहीं मिले। हनुमानजी ने विभीषण से कहा ''महाराज, यह जो आप कर रहे हैं, यह ठीक नहीं कर रहे हैं। रावण का प्रतिकार करिए, सीता शोध में आप हमारी मदद करिए।''

विभीषणजी को ऐसा अनुभव हुआ कि सचमुच चूक हो रही थी। विभीषण जब जागे तब वे रावण से प्रतिकार करने की स्थिति में आए और भरी राजसभा में रावण ने उन पर चरण प्रहार किया तथा वे भगवान के पास पहुंचे।

गोस्वामीजी ने लिखा-

श्रवण सुजसु सुनि आयउँ, प्रभु भंजन भव भीर।
त्राहि त्राहि आरति हरन, सरन सुखद रघुबीर।।

(राचमा / सु.का. / दोहा-45)

विभीषण ने श्रीराम से प्रथम दर्शन में कहा था *भगवान् मैंने आपका यश सुना था इसलिए मैं आपके पास आया हूं। हे शरणागत को सुख देने वाले रघुवीर कृपया मेरी रक्षा कीजिए।*

इस प्रकार श्रीहनुमान चालीसा में लिखा है, ''तुम्हरो मंत्र बिभीषण माना।'' यही वह मंत्र था जो हनुमानजी ने विभीषण को दिया था।

When Hiranyakshipu became Ravan, he became careful. He thought that if he prevented Vibhishan from devotion, he would get Bhagwan early. So he made arrangements for his worship. When sin had provided so much Vibhishan continued with his worship. But all the advantage of his meritorious action was going to Lanka.

So, Vibhishan did not get Bhagwan. Hanuman said, " Maharaj, what you are doing is not right. you should retaliate Ravan, help me in search of Sita."

Vibhishan felt that he was really faltering. When Vibhishan woke up, he was in a position to retaliate Ravan and in full court Ravan dealt a blow of his foot to him and he went to Bhagwan.

Goswamiji wrote—

Shravan sujasu suni aayaun, prabhu bhanjan bhav bheer,
Trahi trahi aarati haran, saran sukhad Raghubeer.

(RCM/Su. K./45)

Vibhishan on first seeing Shri Ram said, *"Bhagwan I heard of your repute so I have come to you. O Raghubeer you make happy every refugee, so protect me too."*

It is written in the Shri Hanuman Chalisa, "Tumharo mantra Vibhishan mana." This was the mantra given to Vibhishan by Hanumanji.

18

जुग सहस्र जोजन पर भानू।
लील्यो ताहि मधुर फल जानू।।

दो हजार योजन दूर सूर्य जो चमक रहा था, उसको आपने मधुर फल समझकर लील (निगल) लिया था।

गोस्वामीजी ये पंक्तियां लिखकर एक प्रयोग कर रहे हैं। हनुमानजी की बचपन की बात लिखकर उनसे बातें कर रहे हैं।

इस प्रसंग में भी एक बाल मनोविज्ञान है। बच्चों की मनोवृत्ति होती है कि यदि हम उन्हें पैसे दें तो वे पैसा नहीं लेंगे। वे तो आसमान पर लगा चंदामामा मांगेंगे।

कहानी है, सूर्यदेव ने पवनदेव से कहा था कि मैं आपके पुत्र को ज्ञान दूंगा। हनुमानजी आगे–आगे चले थे और सूर्य का रथ चलता रहा था, तब हनुमानजी ने ज्ञान प्राप्त किया था। सूर्य को निगलने की घटना बाल्यकाल में हठीलेपन से ज्ञान प्राप्त करने की घटना है।

बचपन जो होता है, वह कभी–कभी ऐसे ही संशय में पड़ जाता है। हनुमानजी को संशय हुआ था कि यह क्या है? संशय को दूर करने गए और सूर्य को लपक लिया। हनुमानजी यह संकेत कर रहे हैं कि संशय होना कोई बुरी बात नहीं है। फिर बच्चों में वैसे भी संशय बहुत होता है।

हम जब बच्चों को मंदिर लेकर जाते हैं तो हम तो भगवान् के आगे माथा टिका रहे हैं, चालीस साल से झुक रहे हैं, और आगे सालों तक टिकाते रहेंगे। लेकिन जब हम बच्चे से कहते हैं तो वह डर के कारण भले ही माथा टिका ले, परंतु वह मन ही मन प्रश्न करता है कि यह मंदिर क्या है? यह मूर्ति किसकी है? इनके आगे मस्तक क्यों टिकाएं? ये किस तरह कृपा करेंगे? इस प्रकार की बातें जब बच्चों को सिखाई जाती हैं तो वह उनके मन में संशय पैदा कर जाती हैं।

संशय में यदि सद्‌भाव है तो वह फलदायक है, वरना नुकसानदायक है।

18

Jug sahasra jojan par bhanu,
Leelyo tahi madhur phal janu.

The shining sun situated at two thousand yojans from the earth, was swallowed by you taking it to be a sweet fruit.

By writing these lines Goswamiji is making an experiment. Writing about the childhood of Hanumanji he is talking to him.

In this context also there is use of a child psychology. Children have a tendency that if we give them coins they would not take it. They will demand Chanda Mama (the moon uncle) hanging in the sky.

The story goes that the Sun God said to the Wind God that, he would impart knowledge to his son. Hanumanji moved ahead of the running chariot of the sun and thus he attained knowledge. The incident of swallowing the sun god took place in his childhood due to insistence on attaining knowledge.

Childhood is the age of doubt. Hanuman had a doubt about the Sun as to what it was. He went to remove his doubt and swallowed the Sun. Hanumanji is indicating that it is not wrong to have doubt. Even otherwise children are prone to have much doubt.

When we go to a temple with children we bow before the deity. We have been doing this for forty years and will be doing it for years to come. But when we ask children to do the same they may do so out of fear. But the question arises in his mind, what is this temple? Whose icon is this? Why should we bow before it? How will it do us favour? When such things are taught to children they create doubt in their mind.

In doubt if there is good faith, it is fruitful otherw' '+ is harmful.

दो व्यक्तियों को संशय हुआ था तो देखें परिणाम क्या हुआ। अर्जुन को जब संशय हुआ, तब गीता बनी और जब युद्ध के समय विभीषण को संशय हुआ, तब उन्होंने श्रीराम से कहा था, "आप युद्ध कैसे करेंगे?" उस समय धर्मरथ की बात सामने आई थी।

यहां राम गीता विभीषण के संशय से उत्पन्न हुई थी।

संशय विचार से उपजता है। समुद्र मंथन की कथा में आता है कि मंदराचल पर्वत को मथनी तथा वासुकी नाग को रस्सी बनाया गया था। मंदराचल पर्वत को जब समुद्र में उतारा गया तो उसे आधार नहीं मिला था।

वेदांत में विचार को पर्वत कहा गया है, विचार पर्वत जैसे दृढ़ होने चाहिए। लेकिन साथ में ऐसे भी संकेत हैं कि विचार ऐसे भी दृढ़ न हो कि वे जड़ हो जाएं।

मंथन के समय मंदराचल पर्वत बहुत दृढ़ था, लेकिन जब मथा गया तो वह हिला। तात्पर्य यह है कि विचार हमारे दृढ़ हों, लेकिन संशय की रस्सी वासुकी नाग से जब उसे मथा जाए, तब वे विचार थोड़े गतिशील भी होना चाहिए।

अच्छे विचार जब बहुत ही दृढ़ होते हैं तो फिर जड़ हो जाते हैं।

इसलिए विचार को हम संशय की रस्सी से मथें। लेकिन आधार होना चाहिए ईश्वर। क्योंकि मंदराचल पर्वत को भगवान् ने कच्छप अवतार लेकर आधार दिया था।

जब विचारमंथन का आधार ईश्वर होगा और मथनी चलेगी तो अमृत भी निकलेगा तथा विष भी निकलेगा। विष कौन पियेगा–पाप की वृत्ति (दानव) और अमृत कौन पीता है–पुण्य की वृत्ति (देवता)।

अमृत पीना है या विष यह हमें तय करना है।

इस प्रसंग का अर्थ यह है कि हनुमानजी को संशय हुआ और उन्होंने सूर्य को निगल लिया। यह ज्ञान प्राप्ति की लालसा है।

Two persons had doubt. What was the result? When there was doubt in Arjuns mind the Geeta came into being and in the battle field when Vibhishan raised doubt he said to Ram, " how will you fight?" At that time there was talk of dharma rath (chariot of religion).

Here Ram Geeta was born out of Vibhishan's doubt.

Doubt is created by thought. In the story of Samundra Manthan. It is said that the mountain Mandarachal was used as a churning stick and the serpent Vasuki was used as a rope. When the Mandarachal mountain was put into the sea it did not get any bottom.

In the Vedanta thought has been called mountain. Thought should be strong as mountain but thought should not be so strong as to become stagnant.

At the time of churning Mandarachal mountain was very strong but when it was churned, it shook. It means that our thoughts should be strong but when they are churned with the rope of Vasuki serpent (doubt) then those thoughts should be somewhat dynamic.

When good ideas are very strong they become static.

Hence, we should churn thoughts with the rope of doubt but the bottom line should be God, because God provided bottom line to Mandarachal by taking incarnation of Tortoise.

When the bottom line of churning of thoughts is God and the churning stick plies, it will produce nectar as well as poison. Who drinks poison? Sining tendency (ogre) and who drinks nectar? Virtuous tendency (God). We have to decide whether we want to drink nectar.

The meaning of this context is that Hanumanji had doubt and he swallowed the Sun. It is the desire of acquiring knowledge.

19

प्रभु मुद्रिका मेलि मुख माहीं।
जलधि लाँघि गये अचरज नाहीं।।

आपने रामनाम अंकित मुद्रिका को मुंह में रखा और सौ योजन विस्तृत समुद्र को लांघ गए। आपकी अपार महिमा को देखते हुए इसमें आश्चर्य की कोई बात नहीं है।

सीताजी को ढूंढने हनुमानजी समुद्र को लांघ कर लंका में गए थे। यहां समुद्र मोह का प्रतीक है। मोह की वृत्ति को पार करना एक बड़ी चुनौती है।

ये पंक्तियां सीता शोध के पूर्व समुद्र तट पर बैठे वानरों के दृश्य की ओर संकेत करती हैं। सीताजी भक्ति का प्रतीक हैं। जब हमारी भक्ति का अपहरण हो जाए तो हमें उसे पुनः प्राप्त करने के लिए मोह का सागर पार कर लंका जाना होगा। भक्ति (सीता) का अपहरण क्यों हो गया था, इस पर विचार करें।

रावण के कहने पर मारीच ने स्वर्ण मृग का वेश बनाया था। सीताजी इस स्वर्ण मृग पर आकर्षित हो गई थीं। स्वर्ण मृग क्या है? लोभ है, मोह है। जाते समय लक्ष्मणजी ने अपनी लक्ष्मण रेखा खींच दी थी। लक्ष्मण यानी साक्षात् वैराग्य।

रावण (भोग) वेष बदलकर आया था। यह हमारे जीवन की कहानी है।

भक्ति का अपहरण रावण कैसे करता है। जब हमारी भक्ति 'मोह' में पड़ जाती है तब 'भोग' वेष बदलकर आता है। वेष बनाने में भोग बड़ा दक्ष होता है। भोग के कई वेष होते हैं, अहंकार के रूप में आ जाएगा, सम्मान के रूप में आ जाएगा या धर्म के रूप भी आ सकता है और हम भी उसे अपना लेते हैं।

जब भोग हमें आमंत्रित करे तो हमें अपने वैराग्य की रेखा खींचनी चाहिए और हमें इससे बाहर नहीं जाना चाहिए। यदि भोग आमंत्रित कर रहा है और हम लक्ष्मण रेखा पार करेंगे तो हमारी भक्ति का अपहरण हो ही जाएगा।

हनुमानजी के अलावा मोह का सागर कोई पार नहीं कर सका।

हमें हमारे जीवन में यदि 'मोह' को पार करना है तो श्रीहनुमान चालीसा

19

Prabhu mudrika meli mukh maahin,
Jaladhi langhi gaye acharaj naahin.

You kept a ring with inscription of Ram's name in your mouth and crossed the sea as wide as hundred yojans. Looking to your great fame, there is nothing surprising in it.

In search of Sita Hanumanji went to Lanka after crossing the sea. Here the sea is the symbol of moha (attachment) to cross over the tendency of moha is a big challenge.

These line indicate towards the scene of monkeys sitting on the sea shore before the search of Sita. Sita is the symbol of devotion. When our devotion is kidnapped then in order to regain it we would have to cross the sea of moha and go to Lanka. Why the devotion (Sita) was kidnapped? Let us think over it.

On Ravan's bidding Marich took the guise of a golden deer. Sita is attracted towards the golden deer. What was the golden deer? It was avarice (moha). At the time of going Laxman drew his line. Laxman is asceticism incarnate.

Ravan (enjoyment) came in disguise. It is the story of our life.

How does Ravan kidnapped devotion? When our devotion falls into the trap of moha, then enjoyment comes in disguise. Enjoyment is very expert in putting on a guise. It has many guises. It may come in the guise of pride, it may come in the guise of honour, it may come in the guise of dharma and we also receive it.

When enjoyment invites us, we should draw a line of asceticism and we should not cross this line. In case of bhoga inviting us we cross the Laxman rekha , our devotion is very likely to be kidnapped.

Except Hanumanji nobody else could cross the sea of moha.

का आश्रय लेना चाहिए।

हनुमानजी का आश्रय क्या है? इनका आश्रय है रामनाम मुद्रिका। ये जो श्रीरामनाम की मुद्रिका इन्होंने मुंह में रखी इसका अर्थ यह है कि हमारे मुंह में सदैव श्रीरामनाम होना चाहिए।

श्रीरामचरितमानस की घोषणा में वही वाणी पवित्र है, जिसमें रामनाम हो।

रामनाम बिनु गिरा न सोहा।
देखु बिचारि त्यागि मद मोहा।।
बसन हीन नहिं सोह सुरारी।
सब भूषन भूषित बर नारी।।

(राचमा / सुकां / 22 / 2)

वह वाणी जिसमें रामनाम नहीं वह कैसी लगती है? मद मोह को छोड़कर विचार कर देखो! बहुत सुंदर स्त्री को यदि बहुत आभूषण पहना दें और वह वस्त्रहीन रहे तो वह वासना को पैदा करेगी, सतीत्व को नहीं।

रावण के दरबार में बंधे हुए हनुमानजी ने यह स्पष्ट घोषणा की थी। उस अवसर पर जब हनुमानजी ने रावण को समझाया तो रावण ने भी हनुमानजी को भाषण दिया। रावण भी अच्छा वक्ता था।

रावण ने हनुमानजी से कहा "कहो, मैंने इतना सुंदर भाषण दिया, इतने शब्दालंकार दिये, कैसे लगे?"

हनुमानजी ने कहा "आपने भाषण तो बहुत सुंदर दिया किन्तु कुछ प्रभावी नहीं। इसमें राम नाम नहीं था। यह सिर्फ बक–बक थी।"

इस प्रसंग से हम यह तय करें कि दिनभर हम जो बोलते हैं उसमें रामनाम कहां है और कितना है? वरना ऐसी वाणी शोभा नहीं देती जिसमें रामनाम न हो।

कहने का मतलब यह है कि हमारी जीवन–शैली ऐसी हो कि रामनाम हमारे मुंह में रहे, हमारी वाणी में रहे, हमारे आचरण में रहे।

मुंह में रामनाम होने का सीधा असर पूरी 'बॉडी लेंग्वेज' पर पड़ता है, सारे लक्षण पॉजिटिव दिखते हैं।

मार्केटिंग के इस युग में अच्छे प्रबंधकों की यह विशेषता रहती है कि वे अपनी 'बॉडी लेंग्वेज' के प्रति सदैव सजग रहते हैं।

श्रीहनुमानजी के हाव–भाव बहुत संतुलित और सुव्यवस्थित रहते हैं। इनसे हमें जीवन–प्रबंधन का यह महत्त्वपूर्ण सूत्र मिलता है कि, **हमारे व्यवहार में चतुराई हो, पर कुटिलता न हो। हम सदैव अपडेट रहें, पर दिखावा न करें। व्यक्तित्व में ट्रांसपेरेंसी**

In our life if we want to cross over moha, we should take recourse to the Shri Hanuman Chalisa.

What is the refuge of Hanumanji? His refuge is the ring inscribed with Ram's name. He kept the ring of Ram's name in his mouth. It means we should always have Shri Ram's name in our mouth.

In the declaration of the Ramcharitmanas that voice is sacred which has Ram's name in it.

Ram nam binu gira na soha,
Dekhu bichari tyagi mad moha.
Basan heen Nahin soh surari
Sab bhushan bhooshit bar nari.

(RCM/Su. K. /22/2)

How appears the voice without Ram's name? Leaving aside pride and attachment think over it. If a very beautiful woman is decorated with a lot of ornaments and she remains naked without any cloth, she will create lust not fidelity.

In the court of Ravan the tied Hanumanji declared this. On that occassion when Hanumanji made Ravan understand the situation, Ravan also gave a lecture to Hanumanji. Ravan was also a good orator.

Ravan said to Hanuman, "Tell me, How good I have spoken, I gave so many figures of speech. How did you like them?"

Hanuman said, "you have given very good speech but it was not effective. It does not contain Ram's name. It is only verbosity."

In this context we should decide that, where and how many times occurs through out in our speech Ram's name in the whole day. Otherwise such speaking which contains no Ram's name is of no good.

What is meant by that, our life style should be such as to contain Ram's name in our mouth, in our voice and in our conduct.

In case we have Ram's name in our mouth, it affects our whole body language and all the gestures look positive.

In this age of marketing it is a quality of good managers that they are always careful about their body language.

Shri Hanumanji's conduct is balanced and systematic. By these we get an important formula of life management **that, in our behaviour, there should be cleverness not deception. We should always be updated but we should not be pretentious. There should**

हो, किन्तु बचकानापन न हो। ईमानदार हों, पर जिद्दी न बनें। सत्य बोले पर कटुता से बचें। काम को तुरंत अंजाम दें, पर हड़बड़ाहट से बचा जाए। व्यस्त रहें, पर अस्त-व्यस्त न रहें।

श्रीहनुमान चालीसा का एक–एक शब्द ऐसी जीवन–शैली के लिए कुंजी का काम करता है।

be transperancy in personality but no childishness. We should be honest but not obstinate. We should speak the truth but it should have no bitterness. We should do the job instantly but not in a hurry. We should be busy but we should not be disorderly.

Every word of the Shri Hanuman Chalisa is a key to such a life style.

20

दुर्गम काज जगत के जेते।
सुगम अनुग्रह तुम्हरे तेते।।

हे हनुमानजी! संसार में जितने कठिन कार्य हैं वे सब आपकी कृपा मात्र से सरल हो जाते हैं।

इस चौपाई में यह 'अनुग्रह' शब्द बड़ा अनूठा लिखा है।

यह भारतीय संस्कृति का एक बड़ा प्यारा शब्द है।

'ग्रह' का मतलब है पकड़ना, 'अनु' का मतलब बाद में। संसार के जितने भी दुर्गम काज हैं वे सारे आपके अनुग्रह से पूरे हो जाते हैं।

अनुग्रह में भक्त और भगवान् के बीच की वार्ता छुपी हुई है।

भक्त कहते हैं भगवान्, पहले हम आपके चरण पकड़ें और बाद में आप हमें पकड़ें, तब भक्ति पूरी होती है।

श्रीराम से अपनी पहली भेंट में हनुमानजी ने भगवान् से कहा कि आप दोनों भाई मेरे कंधे पर बैठ जाइये। रामजी ने कहा कि यह कौन–सी यात्रा होगी, आपके कंधे पर हम बैठ जाएं? हनुमानजी ने कहा बैठिये तो सही। बैठ गए थे दोनों भाई।

जैसे ही हनुमानजी खड़े हुए तो श्रीराम और लक्ष्मणजी गिरने लगे, तत्काल उन्होंने हनुमानजी का मस्तक पकड़ लिया। हनुमानजी ने कहा कि "दुनिया आपको पकड़ने के लिए दौड़ती है आज आपने मुझे पकड़ कर रखा है। अब मैं छूटकर कहां जाऊंगा?" यह अनुग्रह है।

इन पंक्तियों में दुर्गम और सुगम शब्दों का प्रयोग किया गया है। *आज का युग दुर्लभ अवसरों का और दुर्गम कार्यों का युग है।* सभी का प्रयास रहता है, सफलता सुगम हो जाए।

तुलसीदासजी ने हनुमानजी से दुर्गम काज को सुगम बनाने के लिए जिस अनुग्रह की मांग की है **उस अनुग्रह का आज के समय में नाम है 'इच्छा-शक्ति'** हनुमानजी अपने भक्तों को दृढ़ इच्छा–शक्ति का प्रसाद देते हैं। सदैव सभी

20

Durgam kaaj jagat ke jete,
Sugam anugraha tumhare tete.

O Hanumanji! All the difficult tasks of the world are made easy by your grace.

In this verse the word, 'Anugraha' is unique.

It is a word which is very dear to the Indian culture.

"Graha" means to catch and 'anu' means afterword. All the difficult tasks of the world are completed by your 'anugraha.'

In anugraha the conversation between a devotee and God is hidden.

The devotee says to Bhagwan that, first he would touch Bhagwan's feet and then Bhagwan should catch him then devotion becomes complete.

In his first meeting with Shri Ram Hanumanji said that, both of the brothers should sit on his shoulders. Ram said that, what type of journey it would be if they sat on his shoulders. Hanuman insisted to sit and both the brothers sat.

As Hanuman stood up Shri Ram and Laxmanji started falling. They caught hold of Hanuman's head. Hanuman said, "the world runs after you to catch you but today you have caught me. Where can I go now away from you." This is called anugraha.

In these lines the words durgam (difficult) and sugam (easy) have been used. ***This is the age of rare opportunities and difficult tasks.*** Every body tries to make succcess easy.

The anugraha demanded by Tulsidas from Hanuman to make difficult task easy is the, "willpower." Hanuman confers the gift of strong willpower on his devotees.

परिस्थितियों को अपने पक्ष में मानकर चलना भी एक तरह का आत्मविश्वास है। दृढ़ इच्छा शक्ति है।

अच्छे प्रबंधकों की यह मान्यता रहती है कि जिन्दगी हालात से नहीं फैसलों से बदली जाती है। सफ़लता का कोई शॉर्टकट नहीं होता।

इसलिए श्रीहनुमान चालीसा का सतत स्मरण दृढ़ इच्छा–शक्ति जगाने का अलार्म है और इस इच्छा–शक्ति को बनाए रखने का टॉनिक है।

The good managers think that life is not changed by situations but by decisions. There is no shortcut to success.

So the continuous remembering of the Shri Hanuman Chalisa is an alarm bell to wake up strong willpower and it is a tonic to maintain that willpower.

21

राम दुआरे तुम रखवारे।
होत न आज्ञा बिनु पैसारे।।

आप रामद्वार के द्वारपाल हैं, आप रक्षा करते हैं रामद्वार की। आपकी आज्ञा के बिना कोई कैसे प्रवेश कर सकता है।

इसका सीधा सा अर्थ है आपकी कृपा के बिना भगवान् श्रीराम की कृपा प्राप्त नहीं हो सकती।

इस चौपाई की आजकल लोग नई परिभाषा कर रहे हैं। बिनु 'पैसारे' याने बिना पैसे दिये कोई नहीं जा सकता, क्योंकि आजकल हर काम के लिए पैसे देना पड़ते हैं, लेकिन वास्तविक अर्थ ऐसा नहीं है।

द्वारपाल की भूमिका को समझा जाए। अपने हृदय के हम स्वयं द्वारपाल हैं। हम काम को, लोभ को, मोह को प्रवेश देते हैं, तो क्या हम सच्चे द्वारपाल हैं?

क्या हम सत्य, विवेक, शांति, परोपकार, अहिंसा जैसे गुणों को प्रवेश देते हैं?

इन सद्‌गुणों को प्रवेश देते समय हम रिश्वतखोर हो जाते हैं। इसलिए संकेत दिया कि हमें किस प्रकार का द्वारपाल बनना चाहिए।

द्वारपाल के कर्तव्य निर्वहन में चार विशेषताएं होनी चाहिए। एक तो वह सदैव सजग रहे कि किसी का अनधिकृत प्रवेश न हो जाए।

दूसरी विशेषता है कोई बलपूर्वक प्रवेश न कर ले, इसे रोकने के लिए द्वारपाल बलवान भी हो।

और तीसरी विशेषता है उसमें यह विवेक हो कि किसे प्रवेश देना, किसे न देना।

चौथी सबसे बड़ी खूबी है द्वारपाल का आग्रही होना। अनेक लोग ऐसे स्वाभिमानी होते हैं कि यदि आग्रह न हो तो आमन्त्रण स्वीकार नहीं करते।

सदगुण ऐसे ही स्वाभिमानी होते हैं। उन्हें तो बुला–बुला कर आग्रहपूर्वक

21

Ram duare tum rakhware,
Hot na aagya binu paisare.

You are the sentinal at gate of Ram. You guard the gate. Without your permission how can one enter there.

The simple meaning of the verse is that without your grace, the grace of Shri Ram can not be had.

Nowadays people are giving new definition to this verse. Without paisare i.e. is without giving money no one can enter because nowadays money is to be given for every work. But the real meaning is not so.

Role of a sentinal has to be understood. We ourselves are the sentinals of the gate of our heart. If we allow entrance of everything avarice or attachment, are we the real guards?

Do we allow entrance to virtues like truth, reason, peace, charity, non-violence etc?

While allowing entrance to these virtues we become bribe takers. Hence it is indicated what type of gatekeeper we should be.

In carrying out the duties of a gatekeeper there should have four qualities. One—that he should always be alert that no unauthorised person enters.

Two—that no one should be allowed to enter forcibly. To prevent this the gatekeeper should be a strong man.

Three—that the gatekeeper should have the discretion, as to who should be allowed and who should not be allowed.

Four—that the gatekeeper should be insistent. There are people having so much of self-respect that if there is no insistance they do not accept the invitation. Virtues are the things having such self-respect.

प्रवेश कराना होगा। द्वारपाल को आग्रह कर आमन्त्रण देने की कला में भी पारंगत होना चाहिए।

हमारे जीवन में घट रहे इस रूपक का हम स्मरण करें कि हमारे हृदय–द्वार पर सद्गुण और दुर्गुण बड़ी संख्या में प्रवेश के लिए भीड़ लगा कर खड़े हैं।

सद्गुणों का प्रवेश हो तथा दुर्गुणों का निषेध रहे इसका प्रबंधन द्वारपाल को ही करना है।

हनुमानजी की कृपा हो जाए तो हमारा प्रवेश–प्रबंधन सफलतापूर्वक निपटेगा, और 'द्वारपाल' सजगता, बल, विवेक तथा आग्रह के साथ सही परिणाम देगा।

They should be called and insisted upon to enter. A gatekeeper should also be expert in the art of inviting with insistance.

We should remember the metaphor happening in our life that at the gate of our heart, virtues and vices are crowding to enter.

Virtues should enter and vices should be prevented. This has to be managed by the gatekeeper.

With the grace of Hanumanji our entrance management will be successful and the gatekeeper will give correct result with alertness, strength, discretion and insistance.

22

सब सुख लहै तुम्हारी सरना।
तुम रच्छक काहू को डर ना।।

आपकी शरण में आए भक्त को सारे सुख प्राप्त हो जाते हैं और सारे भय (दैहिक, दैविक, भौतिक) दूर हो जाते है।

इस चौपाई से हमें सुख और दुख को समझने की नई व्याख्या मिलती है। कुछ लोगों को यह गलतफहमी होती है कि सुख और दुख एक नहीं हैं।

दुख 'मैं' का दूसरा नाम है और 'मैं' आत्मा से अलग है।

साधक का मैं यदि जीवित है तो वह परमात्मा तक नहीं पहुंचने देगा। संत दादू की पंक्तियां हैं "मेरे आगे मैं खड़ा थाते रहा लुकाई। दादू परगट पीव है, जे यह आपा जाई।।" परमात्मा तो हमारे सामने खड़े हैं, हम ही अपने 'मैं' की आड़ बनाकर खड़े हो गए हैं। इसलिए वह दिखता नहीं है।

यह 'मैं' का आपा हमको हटाना होगा। 'मैं' नाम ही दुख है। 'मैं' के अभाव का नाम सुख है।

सुख का सही स्वरूप क्या है यह अनुभव भक्तों को श्रीहनुमान चालीसा कराती है। हनुमानजी एक बहुत बड़ा काम करते हैं वे अपने भक्तों के सुखों की रक्षा करते हैं। *हर आदमी की कामना है उसे सुख मिले और मिला हुआ सुख सुरक्षित भी रहे।*

यदि हनुमानजी रक्षक हैं तो मनुष्य निर्भय हो जाता है। श्रीहनुमान के भक्तों को यह बहुत बड़ा आश्वासन है। **खुद निश्चिन्त रहकर दूसरों को बेफिक्र (रिलेक्स) रखना हनुमानजी की कला है।**

आजकल ऐसे प्रबंधकों को पसन्द किया जाता है जो **रचनात्मकता के ज्वालामुखी पर बैठकर पूरे माहौल को बेफिक्र रखते हैं।** यही हनुमंत का स्ट्रेस मैनेजमेंट है। और जो लोग इसका पालन करना चाहते है उनके लिए हनुमानजी प्रणेता हैं।

22

Sab sukh lahe tumhari sarna
Tum rachchhak kahoo ko darna

The devotee who comes to your shelter gets all joys of life and pains and fears (bodily, divine and material) vanishes.

In this verse we get a new explanation to understand pain and pleasure. Some people have a misunderstanding that, pain and pleasure are not the same thing.

Pain is another name for "I" and "I" is separate from the soul.

If the "I" of a devotee is alive it will prevent him from reaching God. The saint Dadoo lines are "mere aage main khada thate raha lukai, Dadoo pargat peev hai, jo yeh aapa jaai." God is standing before me. I have drawn a curtain of "I" before me. Therefore he is unseen.

We have to remove the vanity of 'I'. The very name "I" is pain. The absence of "I" is pleasure.

What is the real form of pleasure this experience can be gained by the devotees from the Shri Hanuman Chalisa. Hanumanji does a great work. He protects pleasure of his devotees. *Every man desires pleasure and want the pleasure obtained to be preserved.*

If Hanumanji is the protector, man becomes fearless. Shri Hanuman's devotees have this assurance. **Remaining free from anxiety and to keep others relaxed is the art of Hanumanji.**

Nowadays such managers are liked who sitting on the **volcano of creativity keep the whole atmosphere free from anxiety**. This is the stress management of Hanumant and those who want to follow this, Hanumanji is an inspiration for them.

23

आपन तेज सम्हारो आपै।
तीनों लोक हाँक तें काँपै।।

अपने तेज (शक्ति, पराक्रम, प्रभाव, पौरुष और बल) के वेग को आप स्वयं ही धारण कर सकते हैं। अन्य कोई समर्थ नहीं है। आपके एक हुंकार मात्र से तीनों लोक कांप उठते हैं।

'आपन तेज सम्हारो आपै,' का अर्थ है, उस परमात्मा की सत्ता को ही सत्य मानना और शेष सब मिथ्या है।

परमात्मा के साथ जुड़ें ऐसे सत्य को भी थोड़ा जान लें।

श्रीरामचरितमानस में सत्य के कई प्रयोग हुए हैं। अयोध्याकांड में तो सत्य की ही दुहाई चली है। अयोध्याकांड में जो भी आए वे सब सत्य की दुहाई देते गए। मानस में लिखा है "परहित सरिस धरम नहिं भाई" फिर लिखा गया है "धरम न दूसर सत्य समाना" यहां मानस में विरोधाभास आ जाता है। परहित सत्य है कि धर्म सत्य है?

सत्य के दो महत्त्वपूर्ण प्रयोग हुए हैं। श्रीकृष्णावतार का प्रसंग है कि श्रीकृष्ण के माता–पिता वसुदेव और देवकी जब विवाह के बाद चले तब देवकी का भाई कंस उनका रथ चला रहा था। आकाशवाणी हुई कि इनका आठवां पुत्र तुम्हारा वध करेगा। यह सुनकर कंस ने वहीं दोनों के वध का निर्णय लिया।

वसुदेवजी ने कंस को वचन दिया कि वे अपना आठवां पुत्र तुम्हें (कंस को) सौंप देंगे। लेकिन भविष्य में वसुदेवजी ने वचन नहीं निभाया, आठवां पुत्र (भगवान्) हुआ तो टोकरी में लेकर नंदजी के पास वृन्दावन चले गए थे।

वसुदेवजी के सामने समस्या यह थी कि सत्य को बचाएं या भगवान् को। तो उन्होंने भगवान् बचाए, सत्य ठुकरा दिया।

ऐसी ही स्थिति श्रीराम के पिता दशरथ के सामने आई थी। सत्य बचाएं या भगवान्। उन्होंने सत्य को बचाया, भगवान् को छोड़ दिया था।

23

Aapan tej samharo aape,
Teeno lok hank te kanpe.

You yourself can bear the speed of your splendour (strength, bravery, influence, virilty and power). No one else is able to do so. By your one roar the three lokas tremble.

The meaning of "apan tej samharo aape" is that, you should accept the reign of God as true, the rest is false.

Such a truth associated with God should be known.

In the Ramcharitmanas many experiments with truth have been made. In Ayodhyakand only truth has been invoked. Whosoever appeared in the Ayodhyakand, he invoked the truth. The manas says, "Parhit saris dharam nahin bhai." There is no dharma better than service to others. Then it says, "dharam na doosar satya samana." There is no religion like truth. Here is contradiction in the manas whether service to others is dharma or truth is dharma ?

Two important experiments of truth have been made. There is the story of Krishnavatar that parents of Shri Krishna, Vasudev and Devkee after their marriage proceeded to their destination, Devaki's brother Kansa was driving their chariot. An oracle was announced that the eighth child of the couple would kill Kansa. Hearing this Kansa decided to kill the couple then and there.

Vasudev promised to Kansa that he would give him his eighth child. But subsquently Vasudev did not keep this promise. His eighth child was Bhagwan and he took it to Nandji at Brindavan keeping it in a basket.

The problem before Vasudev was whether he should save Bhagwan or truth. He saved Bhagwan and set aside truth.

A similar situation appeared before Dashrath father of Shri Ram.

कैकेयी ने उन्हें सत्य की दुहाई दी थी, उन्होंने सत्य को बचाया था।

"रघुकुल रीति सदा चली आई।
प्रान जाहुँ बरू बचनु न जाई।।"

(राचमा. अयो. कां./27/2)

दशरथजी ने सत्य बचाया भगवान् छोड़ दिया।

एक प्रसंग आता है कि भरतजी से एक बार वशिष्ठजी ने कहा "भरत, इस संसार में तुम्हारे पिता सबसे श्रेष्ठ व्यक्ति हैं।"

बड़े आश्चर्य की बात है। वशिष्ठजी जैसा व्यक्ति दशरथ को श्रेष्ठ कह रहा है, वसुदेव से भी अधिक श्रेष्ठ। जिन्होंने सत्य को ठुकरा कर भगवान् बचाए। लेकिन वशिष्ठ की दृष्टि में दशरथ श्रेष्ठ हैं। ऐसा क्यों?

दशरथ ने सत्य बचाया और परहित के लिए भगवान् को जाने दिया। अगर भगवान् को नहीं भेजा होता तो रावण वध कभी नहीं हो सकता था। इस संसार पर इतना बड़ा उपकार किया।

इसलिए वशिष्ठ ने दशरथ को श्रेष्ठ बताया कि उन्होंने सत्य बचाया, परमात्मा छोड़े और अपने प्राण त्याग दिये। इससे बड़ा त्याग जीवन में और क्या हो सकता है? वशिष्ठजी की दृष्टि में वे इसीलिए श्रेष्ठ हैं।

तो यह सत्य का ऐसा स्वरूप है जिस पर हम परमात्मा की सत्ता को स्वीकार करते हैं।

Whether he should save Bhagwan or truth. He saved truth and left Bhagwan.

Kaikeyi invoked truth before him and he saved it.

"Raghukul reeti sada chali aayi,
Pran jahun baru bachanu na jayi."

(RCM/ AYo.K./ 27/2)

There is a tradition in Raghukul that it is better to die than not keep one's promise. Dashrath saved truth and left Bhagwan.

There is a context that Vashishth once told Bharat, "Bharat, in this world your father is the best man alive."

It is surprising that a man like Vashisth says that Dashrath is better than Vasudeva who kicked away truth and saved Bhagwan. But in the age of Vashisth Dashrath was better. Why so?

Dashrath saved truth and let go Bhagwan for public interest. If he did not send Bhagwan, Ravan could never be killed.Thus he obliged the world.

So Vashisth said Dashrath is better because he saved truth, left Bhagwan and gave his life. What more sacrifice can there be in life. In Vashisth's view therefore Dashrath is better.

So it is such a facet of truth where on we accept the reign of God.

24

भूत पिसाच निकट नहिं आवै।
महाबीर जब नाम सुनावै।।

हे महावीर! आपका नाम लेने मात्र से भूत–पिशाच समीप नहीं आ सकते।

यह श्रीहनुमान चालीसा की सर्वाधिक लोकप्रिय पंक्ति है। यह अनेक लोगों को याद हैं। बच्चों को कहते हैं कि श्री हनुमान चालीसा पूरी याद न भी हो तो ये दो पंक्तियां अवश्य सीख लें।

संतों का ऐसा कहना है कि श्रीहनुमान चालीसा, तुलसीदासजी ने पंद्रह वर्ष की आयु में लिखी थी। उस समय वे काशी में विद्वान् शेष सनातनजी के यहां भृत्य शिष्य थे। यानी सेवक का काम करते थे और अध्ययन भी करते थे।

उनके गुरु नरहरिदासजी उन्हें शेष सनातनजी के यहां छोड़ आए थे। रामबोला (तुलसीदासजी का बचपन का नाम) नामक यह बालक घर का सारा काम करता और बाद में कक्षा में बैठा लिया जाता था।

गुरुमाता, रामबोला पर विशेष प्रेम रखती थीं। दूसरे शिष्य तुलसीदासजी को कहा करते थे ''क्यों रे, आ गया नंगे–भूखे, दरिद्र कहीं के।''

उस समय गोस्वामीजी डरते भी बहुत थे। यदि उनसे कहा जाता कि अंधेरे में जाकर कोई काम करो, तो वे नहीं कर पाते थे। चूंकि वे भृत्य शिष्य थे अतः मकान की छत पर एक कोने में उनकी कोठरी बना दी गई थी।

उनकी कोठरी के सामने ही एक पीपल का पेड़ था। जब वे रात में कोठरी में जाते तो चंद्रमा की रोशनी से पीपल के पेड़ की परछाई बीच में आती थी। रात में हल्की हवा चलती और पेड़ की परछाई हिलती, तब बालक रामबोला को बहुत डर लगता था।

वे बड़े परेशान रहते थे।

बटेश्वरनाथ और दूसरे ब्राह्मण शिष्यों ने एक दिन तुलसीदासजी से कहा कि हरिश्चंद्र घाट पर एक मंदिर है, वहां भूत–पिशाच रहते हैं।

बटेश्वरनाथ बोले, मैं तो वहां रोज जाता हूं।

24

Bhoot pisach nikat nahin aave,
Mahabeer jab naam sunave.

O Mahavir! Simply by pronouncing your name ghosts and witches can not come near.

It is the most popular verse of the Shri Hanuman Chalisa. Many people remember it. They tell children that even if they do not remember the whole of Shri Hanuman Chalisa, they should remember these two lines.

Saints say that the Shri Hanuman Chalisa was written by Tulsidasji at the age of fifteen. At the time he was servant—disciple of Shesh, Sanatan a scholar of Kashi. It means that he was servant and was also a student.

His guru Narharidasji had left him with Shesh Sanatan. The boy Rambola (his name of childhood) did all the work of home and then he was allowed in the class.

Gurumata had special affection for Rambola. Other students used to say,"oh, you naked, hungry and poor boy, why have you come here."

At the time Goswamiji was very fearful. If he was asked to do something in the darkness, he was unable to do it. Since he was a servant-disciple, a room was built for him on the roof of the house in a corner.

There was a Banyan tree before his room. At night when he used to go into the room, the shadow of Banyan through the moon light entered to his room. At night when slow wind moved and the shadow of the tree shook the boy Rambola became very afraid. He felt much worried.

तुलसीदासजी दूसरे शिष्यों को हमेशा कहते थे कि हमको रामजी का बहुत सहारा है, हमको हनुमानजी का बड़ा सहारा है।

तब बटेश्वरनाथ तथा अन्य शिष्यों ने कहा कि देख तेरे हनुमानजी की आज परीक्षा लेते है। यदि तेरे हनुमानजी सचमुच हैं तो तुझे भूत–पिशाच से बचा लेंगे।

अन्य शिष्यों ने रामबोला बालक पर हरिश्चंद्र घाट जाने का दबाव बनाया। पंद्रह साल के थे तुलसीदासजी। गुस्से–गुस्से में कह दिया कि आज आधी रात को जरूर जाऊंगा, देख लेना तुम सब।

अब कह तो दिया, पर रात को डर गए। जिस दिन जाना था उसके एक दिन पहले रात को वे दिया लेकर ऊपर अपने कमरे में जा रहे थे।

उस दिन हवा बहुत तेज चल रही थी। छत पर पेड़ की परछाईं बहुत डरावनी लग रही थी। तुलसीदासजी सोच रहे थे कि कल जाना है इसलिए आज ही तैयारी कर लूं।

हनुमानजी को याद करते–करते वे अपने कमरे की ओर जा रहे थे। जैसे ही अपनी कोठरी में ऊपर गए उन्हें लगा कि साक्षात् भूत कोठरी में बैठा है। उनके मुंह से शब्द निकले "भूत पिशाच निकट नहीं आवै, महाबीर जब नाम सुनावै" इतनी तेज हवा चल रही थी, लेकिन उन्होंने देखा कि उनका दीपक बुझ नहीं रहा है। अवश्य कोई कृपा या चमत्कार है।

बस उन्होंने सरकंडे की कलम उठाई तथा उनके हाथ से पहला साहित्य रचा गया और भारतीय संस्कृति धन्य हो गई, सनातन धर्म कृतकृत्य हो गया।

संभवतः इसलिए कहते हैं कि श्रीहनुमान चालीसा की भाषा बहुत सरल है। इसलिए विद्वज्जन इसकी बहुत अधिक व्याख्या नहीं करते। क्योंकि पंद्रह वर्ष की आयु में एक बालक और क्या लिखता?

जब लिखते गये तो एक बैठक में उन्होंने चालीस चौपाइयां लिख दीं। उसका अध्ययन किया। फिर आधी रात को वहां घाट पर जाकर खड़े हो गए।

वहां एक औघड़ बाबा रहते थे, वे बोले कौन है? तो गोस्वामीजी ने अपने जीवन में पहली बार इतनी जोर से बोला कि "हनुमान भक्त, राम भक्त हूं मैं....।" इतनी जोर से ये शब्द बोले गए कि औघड़ बाबा भी डर गए। बस यहीं से गोस्वामीजी के जीवन में परिवर्तन आ गया।

इस चौपाई में यह संकेत है कि भूत–पिशाच क्या है?

गोस्वामीजी कहते हैं कि यह भी एक योनि रहती है। लोगों को इनके

One day Bateshwarnath and other brahmin disciples told to him that there was a temple at Harishchandra ghat where many ghosts and witches lived.

Bateshwarnath said that he went there everyday.

Tulsidas used to say to other disciples that he had a great support of Ramaji and Hanumanji.

Bateshwarnath and other disciples said that, on that day they would put to test his Hanumanji. If his Hanumanji was a reality he would surely save him from the ghosts and witches.

Other disciples too pressurised Rambola to go to Harishchandra ghat (the bathing place on the bank of a river). Tulsidas was fifteen. He was angry and said, "All of you will see that I will surely go there tonight."

He promised but he became afraid at night. A day before the day he was to go to the Ghat, he was going to his room with a lamp in his hand. That night the wind was blowing hard. On the roof the shadows of the tree looked very fearsome. He thought that he was to go there the day after today so he should make preparation on that very day.

Remembering Hanumanji he went to the room. As soon as he reached his room he thought that a ghost incarnate was sitting in his room. He uttered the words, "Bhoot pisach nikat nahin aave, Mahabeer jab naam sunave." The wind blew sharp but he saw that his lamp was not blighted. Surely some miracle happened.

He took a pen of reed and from his hand came out his first piece of literature and the Indian culture was blessed, Sanatan Dharma was beholden.

Probably it is said that the language of the Shri Hanuman Chalisa is very simple. Scholars therefore do not explain it exhaustively. For, at the age of fifteen what could be expected of a boy.

When he started writing he wrote forty verses in one sitting he studied them and then went to the ghat at midnight.

There lived an uncouthed saint. He asked,"Who is there?" In his life for the first time he spoke so loudly "I am a devotee of Hanumanji and Ramji". These words were spoken so loudly that even the uncouthed saint became afraid. From here there was change in the life of the Goswamiji.

In this verse it is indicated what is the ghost and witch.

चिपकने का बहुत डर लगता है। कभी–कभी ऐसा कहते हैं कि वहां जाऊंगा तो भूत लग जाएगा।

सत्य तो यह यह है कि काम, क्रोध, लोभ, मोह, मद ये भूत हैं, ये चिपकते हैं मानव पर। लेकिन जो हनुमानजी का नाम लेता है उससे ये दुर्गुणों के भूत–पिशाच नहीं चिपकते।

The Goswamiji says that, it is also yoni or birth. People are afraid of their being haunted. Sometimes it is said that if I go there I shall be haunted by the ghost.

Truth is that desire, anger, avarice, attachment, pride etc. are ghosts. Which haunt human beings. But he who pronounces the name of Hanumanji, remains unhaunted by the ghosts of these vices.

25

नासै रोग हरै सब पीरा।
जपत निरंतर हनुमत बीरा।।

हे हनुमान जी! आपका नाम निरन्तर जपने से रोगों का नाश हो जाता है और पीड़ा दूर हो जाती है।

हनुमानजी एक मात्र देवता हैं जो रोग भी हरते हैं और पीड़ा भी दूर करते हैं।

क्योंकि हमने देखा है कि कभी–कभी रोग चला जाता है लेकिन पीड़ा रह जाती है।

गोस्वामी जी ने रोग और पीड़ा दो अलग–अलग शब्द लिखे हैं। रोग मनुष्य के बाहर (शरीर) को प्रभावित करता है, जबकि पीड़ा उसे अन्तर (हृदय) तक विचलित करती है।

आज के समय में जिसे अवसाद (डिप्रेशन) कहते हैं, वह रोग और पीड़ा का मिश्रण है। श्री आंजनेय केवल बीमारी का इलाज ही नहीं करते, वे डिप्रेशन भी दूर भगाते हैं।

अध्यात्म की भाषा में अवसाद उसे कहते हैं ''जो है उसका सदुपयोग नहीं करना तथा जो नहीं है उसे पाने की तीव्र आकांक्षा करना'' इन दोनों स्थितियों की असफलता से जो तनाव पैदा होता है और उस तनाव से जो नैराश्य उपजता है वह डिप्रेशन में बदलता है। श्री हनुमान चालीसा में इन दोनों स्थितियों से निपटने के साधन बताए हैं, और वह हैं 'जपत निरंतर' **'परमात्मा का जाप स्वयं को रिचार्ज करने की श्रेष्ठ प्रक्रिया है।'**

''जपत निरंतर हनुमत बीरा'' का अर्थ है, हमें जाप निरंतर करते रहना चाहिए। कबीरदासजी जुलाहे थे, कपड़ा बुनते थे। जब कोई खरीदने आता था तब वे कहते, ''राम यह तुम्हारे लिए ही बुना है।'' वे हर एक को राम ही कहते थे।

कबीर बोला करते थे कि अंदर इतना जाप चल रहा है कि कपड़े पहनने, कपड़े खरीदने वाले सब राम ही हो गए हैं।

25

Nase rog hare sab peera,
Japat nirantar Hanumat beera.

O Hanumanji! By pronouncing your name continuously all the diseases are destroyed and the pain is removed.

Hanumanji is the only God who takes away diseases and removes pain. For we have seen that sometimes the diseases goes away but the pain persists.

Goswamiji has used two words diseases and pain. The diseases affect outer part of human body whereas the pain makes him unsteady from inside.

Today what we call depression is the mixture of diseases and pain. Shri Anjaneya not only cures diseases he also removes depression.

In the language of spiritualism the depression is defined as, "Not to put to good use what you have and pine for what is not." The tension generated by failure of these two situations and dispair generated by that tension turns into depression. In the Shri Hanuman Chalisa means to cope with these two situations have been given and they are, "to pronounce the name of God continuously." **It is the best process to recharge yourself.**

"Japat nirantar Hanumat beera" means that we should continue to pronounce the name of God. Kabirdas was a weaver. He used to weave cloth. When a customer came he said, "Ram, it is woven for you." He called everyone Ram.

Kabir used to say that inside so much jap was going on that buyers and wearers of cloth all have become Ram.

The word "nirantar" (continuously) is very useful in life

इस चौपाई में व्यक्त 'निरंतर' शब्द जीवन–प्रबन्धन में बहुत उपयोगी है। इसका अर्थ है, **सदैव सक्रिय रहना, ऊर्जावान रहना, अपडेट रहना और इस युग में हाईटेक होने के लिए निरन्तरता बहुत जरूरी है।** स्वास्थ्य की दृष्टि से देखे तो जो लोग निरन्तर हैं, नियमित हैं, वे रोग से मुक्त होंगे और उनकी पीड़ा भी दूर होगी।

management. **It means to be active always, to have energy and to be up to date and in this age to be hightech continuity is very essential**. From the point of view of health, those who are continuous, regular, will be free from diseases and then pain will also vanish.

26

संकट तें हनुमान छुड़ावै।
मन क्रम बचन ध्यान जो लावै।।

हे हनुमानजी! यदि कोई मन, कर्म और वाणी द्वारा (सच्चे हृदय से) आपका ध्यान करे, तो निश्चित ही आप उसे सारे संकटों से छुटकारा दिला देते हैं।

यह पंक्ति प्रार्थना की परिभाषा है। प्रार्थना तभी पूरी होती है जब मन, कर्म, वचन से हृदय में प्रार्थना उतारी जाए।

जब इतनी बातें पूरी हों तो समझ लीजिए प्रार्थना पूरी हुई। नहीं तो हम प्रार्थना कर रहे हैं और मन हमारा दफ्तर में है, कर्म कहीं और लगा है, वचन कहीं और चल रहे हैं, तो यह प्रार्थना नहीं होगी। प्रार्थना का मतलब इन तीनों का हृदय में एक साथ आ जाना।

हमारे चिंतन में, चर्या में और चर्चा में समानता होनी चाहिए। हमारी वाणी में, व्यवहार में और विचार में एकरूपता होनी चाहिए। तब जो प्रार्थना हम करेंगे वह सच्ची प्रार्थना होगी और ऐसी प्रार्थना करने वाले कभी भी जीवन में संकट में नहीं पड़ते।

प्रार्थना दो प्रकार की होती है। जब हनुमानजी लंका से सीताजी की शोध के बाद उनका संदेश लेकर रामजी के पास लौटे, तब उन्होंने सीताजी की विरह–कथा श्रीराम को सुनाई। तथा श्रीरामजी से प्रार्थना की–

निमिष निमिष करुनानिधि जाहिं कलप सम बीति।
बेगि चलिअ प्रभु आनिअ भुज बल खल दल जीति।।

(रा.च.मा. / सु.कां.–दो.–31)

हे करुणानिधान! उनका एक–एक पल कल्प के समान बीतता है। अतः हे प्रभु! तुरंत चलिए और अपनी भुजाओं के बल से दुष्टों के दल को जीतकर सीताजी को ले आइए।

यह प्रार्थना सुन कर क्या हुआ?

26

Sankat te Hanuman Chhudave,
Man kram bachan dhyan jo lave.

O Hanumanji! If any body remembers you with mind, deeds and voice (with true heart), you certainly make him free from all troubles.

These line are the definition of prayer. Prayer is complete when it is performed with mind, deeds and voice, with true heart.

When these things are complete, the prayer is complete otherwise we are performing prayer but our mind is at office, we are doing some thing else and our voice is doing some thing else, then it is no prayer. Prayer means these three things should come together in our heart.

There should be conformity in our thought, routine and conversation. There should be uniformity in our voice, behaviour and thought. Then the prayer performed by us will be real prayer and people performing such a prayer never face a crisis in life.

There are two types of prayer. When Hanumanji after making the search of Sita returned with her message, he told her plight of separation to Shri Ram. He prayed to Shri Ram—

Nimish nimish karunanidhi, Jahin kalap sam beeti,
Begi chalia Prabhu aaniya Bhuj, Bal khal dal jeeti,

(RCM.Su.K./Doha-31)

O compassionate! her every moment passes like a Kalpa (age). Hence you start at once and defeating the hordes of the wicked with the strength of your hands bring back Sita.

Hearing this prayer what happened ?

सुनि सीता दुख प्रभु सुख अयना।
भरि आए जल राजिव नयना।।

(रा.च.मा./सु.कां./31/1)

सीताजी का दुख सुनकर, सुख के धाम प्रभु के कमल नेत्रों में जल भर आया।

हनुमानजी की प्रार्थना ने परमात्मा को पिघला दिया। "भरि आए जल राजिव नयना" जो परमात्मा को पिघला दे वह प्रार्थना है।

एक प्रार्थना देवताओं ने की थी। जब रामजी युद्ध में रावण को बार-बार छका रहे थे तो स्वर्ग के देवता लोग आए और उन्होंने भगवान से कहा कि आपने रावण को बहुत खिला लिया। इस रावण को आप यहां मार नहीं रहे हैं और वहां सीताजी दुखी हैं।

तब गोस्वामीजी ने कहा –

देव बचन सुनि प्रभु मुसुकाना।
उठि रघुबीर सुधारे बाना।।

(रा.च.मा./लं.कां./85/4)

देवताओं के वचन सुनकर प्रभु मुस्काए फिर श्रीरघुवीर ने उठकर बाण सुधारे।

प्रभु क्यों मुस्कुराए? क्योंकि

"आए देव सदा स्वारथी।
वचन कहहि जनु परमार्थी।।"

क्योंकि देवता सदा स्वार्थ साधते हैं और बातें सदा परमार्थ की करते हैं।

रामजी मन ही मन हंसे।

इस प्रकार एक प्रार्थना देवताओं ने की तो भगवान् व्यंग्य से मुस्कुराए और एक प्रार्थना हनुमानजी ने की तो भगवान् की आंख में आंसू भर आ गए।

अब हम तय कर लें कि हम किस प्रकार की प्रार्थना करते हैं। परमात्मा अवश्य जानते हैं कि हम देवताओं वाली प्रार्थना कर रहे हैं या हनुमानजी वाली प्रार्थना कर रहे हैं।

इसीलिए हम श्रीहनुमान चालीसा का आश्रय लें। पग-पग पर हनुमानजी का चरित्र हमें यह बताता है कि किस तरह से परमात्मा को प्राप्त करें।

Suni Sita dukh Prabhu sukh ayana,
Bhari aye jal Rajiv nayana.

(RCM-/Su.K/ 31/1)

Hearing the plight of Sita, Prabhu who is the adobe of all happiness shed tears.

The prayer of Hanumanji melted Bhagwan. "Bhari aaye jal Rajiv nayana" that which melts Bhagwan is the real prayer.

One prayer was offered by Gods. In the battlefield when Ram was teasing Ravan repeatedly, the Gods came from heaven and said to Bhagwan, you have sufficiently played with Ravan. You are not killing Ravan here and Sita is grieving there.

Goswamiji writes—

Dev bachan suni Prabhu musukana,
Uthi Raghubeer sudhare baana.

(RCM/ La.K/ 85/4)

Hearing the voice of gods Bhagwan smiled and then he stood up and mended his arrow.

Why did Bhagwan smile? Because

"Aaye dev sada swarthi,
Bachan kaahhi janu parmarthi"

the Gods are always selfish but they always talk of charity.

Shri Ram laughed within. **Thus on the prayer of Gods Bhagwan smiled sarcastically and by the prayer of Hanumanji his eyes were filled with tears.**

We should decide what type of prayer we should offer. God knows whether we are offering the prayer of the gods or of Hanumanji.

So we should take shelter of Shri Hanuman Chalisa. At every stage the character of Hanumanji tells us how to attain God.

27

सब पर राम तपस्वी राजा।
तिन के काज सकल तुम साजा।।

तपस्वी राम सारे संसार के राजा हैं। आपने ऐसे सर्वसमर्थ प्रभु के कार्यों को पूरा किया।

यहां श्रीराम को राजा लिखा है, किन्तु वे तो वनवास काट रहे थे। पूर्व का प्रसंग है जब श्रीराम के लिए कैकयी ने वनवास का निर्णय लिया तब श्रीराम ने अपनी माता कौशल्याजी को कहा था कि ''पिता दीन्ह मोहि कानन राजू'' अर्थात् पिताजी ने मुझे जंगल का राज्य दिया है।

अतः इस चौपाई में श्रीराम को राजा तथा तपस्वी कहा है।

तपस्वी वेष धारण किए हुए श्रीराम, गोस्वामीजी को बहुत अच्छे लगते हैं, हनुमानजी को भी बहुत अच्छे लगते हैं। हनुमानजी को इसलिए अच्छे लगते है कि पहली बार इसी वेष में उन्हें श्रीराम मिले थे। तपस्वी वेष गोस्वामीजी और हनुमानजी दोनों ही को अपने अधिक निकट लगता है क्योंकि यह वेष दीन–हीन के हित के लिए है।

''सब पर राम'' का एक अर्थ यह भी है कि रामजी सबसे परे हैं। सबसे परे मतलब सबसे ऊपर हैं, सबसे अलग हैं रामजी।

वेदान्त की भाषा में कौन किसके परे है। इंद्रियों से परे इन्द्रियों के विषय हैं, जैसे कान हैं लेकिन कान से परे हैं उसके विषय 'शब्द'। जीभ से परे हैं जीभ के विषय यानि स्वाद। तो इन्द्रियों से परे हैं विषय।

विषय से परे मन है, मन से परे बुद्धि है, बुद्धि से परे है समष्टि बुद्धि यानि ईश्वर की बुद्धि। इससे परे है अव्यक्त प्रकृति, इसके परे हैं अव्यक्त पुरुष। और उससे परे जाएंगे तब परमात्मा मिलेगा।

और जब परमात्मा तक पहुंचे तो तुलसीदासजी कहते हैं कि उससे भी परे ''सब पर राम तपस्वी राजा'' और ऐसे रामजी के काज आपने संवारे हैं जो सबसे परे हैं।

27

Sab par Ram tapasvi raja,
Tin ke kaaj sakal tum saja.

Ram, the ascetic, is the king of the whole world. You completed the works of all powerful Prabhu.

Here Ram has been mentioned as king but he was passing his time in exile. In the previous context when Kaikeyi decided to send Ram to exile, he said to his mother Kausalya, "Pita deenha mohi kanan rajoo" father has conferred on me the kingdom of forest.

Hence in this verse Shri Ram has been mentioned as the king and ascetic.

In the garb of an ascetic, Shri Ram is liked by Goswamiji. Hanumanji too likes him. Hanuman likes him because he met Shri Ram Prabhu first time in this garb. The garb of an ascetic is liked by the Goswamiji and Hanumanji because that garb takes care of interests of the poor and downtrodden.

"Sab par Ram" also means that Shri Ram is above all. He is separate from others.

In the language of Vedanta who is separate from whom? The subject matter of senses is above senses, for example the subject of ears sound is above ears. Taste the subject matter of tongue is separate from it. So, the subject matter of senses is separate from them.

Mind is above the subject, intellect is above the mind. Aggregate intelllect i.e. intellect of God is above intellect, above this is unmani-fested nature and above all is unmani-fested Purusha and if we go beyond that we shall find God.

And when we reached God then Tulsidasji says that there is something beyond that too, "Sab par Ram tapasvi raja" and you have carried out the work of such a Ram who is beyond every thing.

जब आप उनके काज संवार सकते हैं तो फिर हमारे क्यों नहीं संवार सकते? श्रीहनुमान चालीसा स्मरण करते हुए भक्तों की हनुमानजी से यही मांग रहती है।

When you can do his work why can't do mine. Remembering the Shri Hanuman Chalisa the devotees place this demand before him.

28

और मनोरथ जो कोई लावै।
सोई अमित जीवन फल पावै।।

हे हनुमान! आपके पास कोई किसी प्रकार का भी मनोरथ (धन, संतान, यश की कामना) लेकर आता है। उसकी कामना पूरी होती है।

इस चौपाई में 'मनोरथ' शब्द बहुत सुन्दर है। हमारे मन में जो भाव उठते हैं वे बहुत तीव्रता से चलते हैं और फिर मन का रथ तो बहुत ही तीव्र चलता है। हम इस पर बैठकर अपनी कामनाओं को बहुत दूर तक ले जाते हैं। गोस्वामीजी कहते हैं, ऐसे लोगों को भी आप जीवन का फल देते हैं।

29

चारों जुग परताप तुम्हारा।
है परसिद्ध जगत उजियारा।।

जगत् को प्रकाशित करने वाले आपके नाम का प्रताप चारों युगों (सतयुग, त्रेता, द्वापर और कलियुग) में प्रसिद्ध रहता है।

हम मनुष्यों के जीवन में प्रतिदिन ही चारों युग आते हैं। जागृति, स्वप्न, सुषुप्ति एवं तुरीय और इन चारों अवस्थाओं में हम दृष्टा के रूप में उपस्थित रहते हैं।

श्रीहनुमान जो पवनसुत हैं और पवन न सिर्फ चारों युग में है, बल्कि प्रत्येक स्थान पर है। विदेश में पानी अलग मिल सकता है। धरती अलग मिल सकती है, वहां भोजन अलग मिल सकता है, किन्तु हवा सारी दुनिया में एक जैसी मिलती है। पानी को, अग्नि को रोका जा सकता है। सब कर लें आप, लेकिन हवा का बंटवारा कर नहीं सकते, इनका पदार्पण ऐसा है कि कोई इनको रोक नहीं सकता। इसलिए कहा गया "चारों जुग परताप तुम्हारा।"

28

Aur manorath jo koi lave,
Soi amit jeevan phal pave.

O Hanuman! Whosoever comes to you with any desire (of wealth, offspring, reputation etc.), his desire is fulfilled.

In this verse the word manorath (desire) is very beautifully used. The sentiments arising in our mind move very speedily and the chariot of mind moves even more speedly. Riding on it we take our desires too far. The Goswamiji says that even to such people you provide fruits of life.

29

Charon jug partap tumhara,
Hai parsiddh jagat ujiyara.

Lighting the world the glory of your name remains famous in the four yugas ages "Satyuga, Treta, Dwapar and Kalyuga."

These four yugas occur daily in our lives–jagruti (wakefulness), swapna (dream), sushupti (sleep) and turiya (the fourth state). During these four states we remain present watching all of them.

Shri Hanuman is son of the Wind God and the wind is not only in the four yugas but it is present everywhere. Abroad one get different food, water and the earth but the air is similar everywhere. Water and fire can be stopped but you can not divide the air by any means. Its arrival can not be prevented. So it is said, "Charon jug partap tumhara."

30

साधु संत के तुम रखवारे।
असुर निकंदन राम दुलारे।।

आप साधु–संत की रक्षा करने वाले हैं, राक्षसों का संहार करने वाले हैं और श्रीरामजी के अतिप्रिय हैं।

गोस्वामीजी कह रहे हैं आप साधु–संत के रखवाले हैं। मानस में साधु के लिए लिखा है

साधु चरित सुभ चरित कपासू।
निरस बिसद गुनमय फल जासू।।
जो सहि दुख परछिद्र दुरावा।
बंदनीय जेहिं जग जस पावा।।

(राचमा / बा.का. / 1 / 3)

संतों का चरित्र कपास के चरित्र के समान शुभ है, जिसका फल नीरस, विशद और गुणमय होता है। कपास की डण्डी नीरस होती है इसी प्रकार संतों का चरित्र विषयासक्त नहीं रहता। जैसे कपास का धागा सुई के किए छेद को अपना तन देकर ढक देता है, अर्थात् कपास जैसे लोढ़े जाने, काते जाने और बुने जाने का कष्ट सहकर भी वस्त्र बनकर दूसरों के अंगों को ढंकता है इसी प्रकार संत दुःख सहकर दूसरों के दोषों को ढकते हैं, जिसके कारण उन्होंने जगत् में वन्दनीय यश प्राप्त किया है।

साधु–संत गोस्वामीजी के प्रिय पात्र हैं। किसी ने उनसे पूछा कि आपने साधु के चरित्र को कपास के फूल की उपमा क्यों दी? फूलों का राजा तो गुलाब है। उसे दे देते उपमा वह सुन्दर है, उसमें सुगंध भी है।

गोस्वामीजी ने बड़ा सुन्दर उत्तर दिया कि गुलाब का फूल सुन्दर है, सुगंधित है, लेकिन दो बातें उसमें हैं। एक तो कांटे हैं और दूसरा बाद में किसी काम का नहीं रहता। वह मुरझा जाता है।

लेकिन कपास का फूल अपने अस्तित्व को समाप्त करके मनुष्य के तन को

30

Sadhu sant ke tum rakhware,
Asur nikandan Ram dulare.

You are the saviour of saints and gentleman . You are the destroyer of ogres and you are very dear to Shri Ramji.

Goswamiji says that you are the saviour of saints and gentlemen. Ramcharitmanas defines a saint as—

Sadhu charit subh charit kapasu,
Niras bisad gunmaya phal jasu.
Jo sahi dukh parchhidra durava,
Bandneeya jehi jag jas pava.

(RCM/Ba. K/1/3)

The character of saints is auspicious like the character of cotton, whose fruit is juiceless, extensive and virtuous. The fruit of cotton is juiceless similarly the character of saints is not subject to wordly pleasures. As cotton thread covers the hole made by a needle i.e. cotton undergoes pain of being ginned, spun and woven and having been converted into cloth it covers the body of others, similarly saints cover weaknesses of others facing many difficulties. Because of this they have found an adorable place with the world.

Saints are dear characters for Goswamiji. Someone asked him why have you compared the character of a saint with a flower of cotton. Rose is the king of flowers. You should have given the simile of that because it is beautiful and it has good smell also.

The Goswamiji replied that though the rose is beautiful and smells sweet, it has thorns and when faded it is of no use.

But a cotton flower after finishing its own existence cover the body and mind of man. By finishing its own existence and with its

ढकता है, मन को ढकता है। वह स्वयं मिटकर, स्वयं के परिश्रम से समाज को आवरण देता है, समाज को ढकता है इसलिए साधु–समाज को कपास की उपमा दी गई है।

लेकिन यहां गोस्वामी ने संत शब्द भी जोड़ दिया है। उन्होंने मानस में लिखा है कि

"संत बिटप सरिता गिरि धरनी।
पर हित हेतु सबन्ह कै करनी।"

(राचमा / उत्तरकांड / 124 / 3)

संत, वृक्ष, नदी, पर्वत और पृथ्वी– इन सब की क्रिया पराये हित के लिए ही होती है।

जब क्रम जोड़ा तो संत, विटप, गिरि और फिर धरती को रखा। विटप (वृक्ष), नदी, पहाड़ और धरती इन सब के पहले संत को पूजा है। तुलसीदास के मतानुसार वृक्ष, नदी, पहाड़ और धरती के पास तो आदमी को स्वयं जाना पड़ता है लेकिन संत आदमी तक स्वयं पहुंच जाते हैं। यदि उन्हें कृपा करना है तो वे हम लोगों तक स्वयं पहुंच जाएंगे।

संत का चरित्र बहुत अद्‌भुत है। तुलसीदासजी कोई भी पंक्ति, कोई भी शब्द व्यर्थ नहीं लिखते। साधु और संत अलग–अलग लिखा है, इसका गूढ़ अर्थ है।

साधु एक आचरण है, साधु व्यवस्था है, संत व्यवहार है। साधु तैयारी है, संत पहुंचना है। साधु शैली है, संत स्वभाव है। साधु आरंभ है, संत अन्त है। साधु हर कोई हो सकता है, सन्त कोई–कोई होता है। साधु पूरी धरती पर पाए जाते हैं संत केवल भारत की धरती पर पैदा होते हैं। साधु वेष रखता है, जैसे भगवा वस्त्र और संत होने के लिए कोई वस्त्र की आवश्यकता नहीं। संत गृहस्थ भी हो सकता है। साधु बाहर का मामला है, संत भीतर की बात है।

साधु की परिपूर्णता संत में है और सबसे बड़ी बात साधु वो जो परमात्मा को चाहे और संत वो जिसे परमात्मा चाहे।

यह बड़ा अंतर है, इसलिए गोस्वामीजी ने कहा कि साधु–संत के तुम रखवारे।

आज भी साधु बनने के बाद कभी–कभी संतत्व नहीं आ पाता है। एक सीमा तक पहुंचने के बाद भी साधुता कुंठित रह जाती है। *लेकिन साधुता और संतत्व एक साथ आए तो फिर संन्यास आरंभ हो जाता है। जब साधुता और संतत्व परिपक्व हो जाए, तब जाकर संन्यास घटित है।*

तुलसीदासजी से किसी ने पूछा, कि महाराज हम संन्यास लेना चाहते हैं कृपया आप सलाह दें क्या करें। तो उन्होंने कहा–ले लो। लेकिन ध्यान रखना

labour it provided cover to society, therefore society of saints has been compared with cotton.

But here the Goswamiji has also added the word sant. He wrote in the Manas that,

"Sant, bitap, Sarita giri dharani,
par hit hetu sabanh ke karni."

(RCM/ U. K. 124/3)

Saints, trees, river, mountain and the earth, the activities of these are all directed to the interest of others.

Putting in order he kept saint, tree, mountain and the earth consecutively. Before tree, river, mountain and the earth he has put saint and worshipped him.

According to Tulsidas man himself has to approach tree, river, mountain and the earth but the saint comes down to man himself. If they have to show their campassion they will reach us themselves.

The chararacter of a saint is very wonderful. Tulsidas does not write any thing out of context. He has written sadhu (gentlmen) and sant (saint) separately, which has a deep meaning.

Sadhu is a conduct, a system whereas Sant is a behaviour. Sadhu is a preparation, Sant is an attainment. Sadhu is a style, Sant is a nature. Sadhu is a beginning, Sant is an end. Everybody can be a Sadhu but Sant is rare. Sadhus can be found on the whole of the earth but Sant can be found only in India. Sadhu has a costume such as saffron colour garments, but to be a Sant there is no need of any garment. Sant can also be a householder. Sadhu is an extraneous thing, Sant is an internal affair.

Sadhu's fulfillment is in Sant and more importantly Sadhu is the one who desires God and Sant is the one whom god desires.

This a great difference so Goswamiji said that, Hanumanji was the saviour of Sadhus and Sants.

Even today despite being a Sadhu sometime they fail to achieve sainthood. Despite reaching a limit sadhuta remains blunted but *if gentlemanliness and sainthood come together, the process of renunciation begins. When gentlemanliness and sainthood become mature, the renunciation happens.*

Somebody asked Tulsidasji that he wanted to assume renunciation so he sought advice of Tulsidasji as to what he should do. He replied

संन्यास कैसा हो कि "विगरत मन संन्यास लेत, जल नावत आग घरोसो।" जब ऐसा मन संन्यास लेता है तो वो उस घड़े की तरह होता है जिसे जब बनाया जाता है तब जल में, अग्नि में बार–बार पकाया जाता है तब वह घड़ा पक्का होता है। वह घड़ा फिर फूटता नहीं है। जिस घड़े को बराबर रूप से अग्नि नहीं मिली हो, बराबर उसकी मिट्टी गली नहीं हो और वह कच्चा घड़ा बन जाए तथा यदि उससे कुएँ में से पानी निकालें तो वह दो काम करेगा। एक तो पानी निकालेगा नहीं और दूसरा पानी को गंदा भी करेगा।

जो लोग कच्चे मन से बिना तैयारी के संन्यास लेते हैं, वे संन्यस्त अवस्था को बदनाम करते हैं। उनके आचरण से संन्यास भ्रष्ट होता है। वे समाज को भी तकलीफ़ देते हैं और भ्रम में भी डालते हैं।

जिस तरह कच्चा घड़ा पानी को गंदा कर देता है, वैसे ही कच्चे मन का संन्यासी समाज में गंदगी फैला देता है।

इसलिए आज समाज भगवा वस्त्र को भी संदेह की दृष्टि से देखने लगा है। इस दौर में तो अपराधियों ने भी भगवा वस्त्र ओढ़ लिया है। इसे सबसे सुरक्षित वेष बना लिया है। इसके आवरण में अपराध का अंकुरण और पोषण किया जा रहा है।

जिनका संन्यास क्षणिक होता है, वे भगवा वस्त्र तो पहन लेते हैं, लेकिन पुनः दुर्गुणों से घिर जाते हैं। अतः गोस्वामीजी कहते हैं, कि संन्यास लें, तो पूरा पका–पकाया लें।

तुलसीदासजी ने इस तीसवीं चौपाई की अगली पंक्ति में लिखा "असुर निकन्दन राम दुलारे।" असुरों का निकंदन करते हैं, यानी राक्षसों का नाश करते है।

प्रश्न उठता है, भगवान् तो सबमें रहते हैं। संत में भी रहते हैं, असंत में भी रहते हैं। भगवान् सुर, असुर दोनों में रहते हैं। तुलसीदासजी कहते हैं भगवान् केवल सुर की रक्षा करते हैं। रहते तो दोनों में है, पर भला एक का करते हैं। ऐसा क्यों? हमारे संतगण इसकी बड़ी अच्छी व्याख्या करते हैं।

सबमें भगवान् रहते हैं, लेकिन अंतर होता है।

हमारे यहां महीना जो होता है, वह दो पक्ष में बंटा होता है। कृष्ण पक्ष और शुक्ल पक्ष। कृष्ण पक्ष की प्रतिपदा में यदि आप चन्द्रमा को देखें तो वह पूर्णिमा के आकार का होता है। लेकिन फिर जैसे–जैसे दिन बढ़ते हैं, वह घटता चला जाता है और अमावस्या पर तो दिखता ही नहीं है। जब शुक्ल पक्ष की प्रतिपदा को देखें, तो चन्द्रमा बहुत छोटा रहता है। लेकिन बढ़ते–बढ़ते पूर्णिमा पर वह पूरा हो जाता है।

that he should assume it but he should remember it that renunciation should be, "Vigrat man sanyas let, Jal navat aag gharoso." When such a mind assumes renunciation it is like that pot which when it is made it is baked in water and fire again and again. Then the pot becomes baked and it is not generally broken. The pot which is not properly baked in fire, its earth is not properly dissolved in water and it remains unripe and if we try to take out water from a well with such a pot, it will do two things. It will not bring out water and secondly will make water dirty.

Those who renounce the world with weak mind and without preparation caluminate the state of renunciation. Renunciation is corrupted by their conduct. They give trouble to society and confuse it.

As an unripe pot makes water dirty, a renouncer of unsteady mind spreads dirt in society.

So today society looks at the saffron coloured cloth with doubt. In this period even the criminals have donned the saffron garb. It has become the most protected form. Under this cover crime is growing and is being fostered.

Those whose renunciation is momentary take the saffron garb but they are surrounded by evils again. Hence Goswamiji says that if you accept renunciation, it should be ripe.

Tulsidasji in the next line of the verse wrote, "asur nikandan Ram dulare" which means that Hanuman kills the ogres.

The question arises God is omnipresent. He is present in a sage as well as a wicked man. God is present in Sur (god) as well as Asur (ogre). Tulsidasji says that God protects only Sur (gods) notwithstanding that he is present in the both, he does good only to the former. Why this is so? Our sages have explained this well.

God is present in all but there is a difference.

In India every month is divided into two fortnights. One is called the dark half of a lunar month and the other is called the bright half of a lunar month. If you look at the moon on the first day of the dark half of a lunar month, you see the full moon. But it wanes as the days pass and disappears on the last day of the dark half of a lunar month. When seen on the first day of the bright half of the lunar month, it looks very small, but it goes on increasing and on the last day of the

गोस्वामीजी कहते हैं कि जिन लोगों में प्रकाश कृष्ण पक्ष की प्रतिपदा से धीरे–धीरे कम होता जाता है, वह असन्त हैं, उनमें भगवान् तो हैं, लेकिन विकास नहीं। प्रकाश की गति धीरे–धीरे कम होती है। जब चंद्रमा कृष्णपक्ष की प्रतिपदा से बढ़ते–बढ़ते पूर्णिमा तक बढ़ जाए ऐसी स्थिति संत में होती है।

मनुष्य का जीवन सतोगुण, तमोगुण और रजोगुण का संतुलन है। यदि सतोगुण अधिक हो तो व्यक्ति संत है। तमोगुण की अधिकता उसे असंत बनाती है। संतों में भी तमोगुण होता है, पर कम मात्रा में। असंत में भी सतोगुण होता है, पर आंशिक रूप में रहता है। रावण था तो राक्षस, पर जानता था श्रीराम परमात्मा हैं। उसने कहा भी था

"खर दूषण मोहि सम बलवंता।
तिन्हहि को मारइ बिनु भगवंता।।"

(राचमा / अर.का. / 22 / 1)

खर–दूषण तो मेरे ही समान बलवान थे, इन्हें भगवान के सिवाय और कौन मार सकता है।

रावण को ईश्वर का आभास था, फिर भी युद्ध करने को तैयार थे। संत और असंत में यही फर्क है।

इस चौपाई मे 'इवेन्ट मैनेजमेंट' का बड़ा सुन्दर संदेश है। भगवान् के अवतार के दो प्रमुख प्रयोजन हैं। एक साधु–संतों की रक्षा करना और दूसरा असुरों का संहार करना। श्रीहनुमान इवेंट मैनेजमेंट में अद्भुत रूप से पारंगत हैं।

इवेंट मैनेजमेंट में तीन बातें महत्वपूर्ण हैं। पहली, उद्देश्य–जिस कारण से इवेंट हो रहा है वह स्पष्ट हो। (परपस क्लीयर हो)

दूसरी बात है, खर्च नियन्त्रित रहे। (ओवर बजट न हो) तथा

तीसरी बात है, परिणाम–यह सौ प्रतिशत होना चाहिए (100% रिजल्ट)। तो परपस, फंडिंग और रिजल्ट का तालमेल श्रीहनुमान के लंका दहन जैसे इवेंट में दिखता है। रामकथा का एक बड़ा इवेंट है लंका दहन।

हनुमानजी को अपना उद्देश्य (परपस) साफ था कि वे रामदूत हैं। उन्होंने अपनी हर गतिविधि से लंका को यह संदेश दिया।

खर्च (फंडिंग) के मामले में तो वे इतने नियन्त्रित थे कि तेल, कपड़ा, परिश्रम सब लंका से लिया गया और लंका जला दी। रामजी के पक्ष का तनिक–सा धन खर्च नहीं हुआ और राक्षसों के जीवन की एक बड़ी घटना घट गई।

तीसरी बात थी, परिणाम सौ प्रतिशत आया। "उलट–पलट लंका सब जारी" हनुमान जी ने उलट–पलट कर (एक ओर से दूसरे ओर तक) सारी लंका जला

bright half of lunar month it becomes the full moon.

Goswamiji says that, those in whom light wanes from the first day of the dark half of lunar month are wicked. They too have God in them but it remains unmanifested. The speed of light decreases gradually.

As the moon goes on increasing to be the full moon from the first to last day of the bright half of lunar month, similar is the condition of a sage.

Human life is an equilibrium of the good, bad and passionate qualities. If goodness predominates, the person is sage. Predominance of bad quality makes him wicked. Even the saints have bad qualities but in a partial manner. Ravan was an ogre but he knew that Shri Ram was God. He said,

"Khar Dushan mohi sam balwanta,
Tinhahi ko mari binu Bhagwanta."

——(RCM/Ar.K/22/1)

Khar dushan were strong like me. Who else except God could kill them.

Ravan had reflection of God nevertheless, he was ready to fight. Herein lies the difference between a sage and a wicked man.

In this verse there is a very good message of "event management." There are two main purposes for incarnation of God. The one is to protect gentlemen and saints and the second is to destroy the orges. Shri Hanumanji is wonderfully well versed in event management.

There are three important things in the event management. The first is—it should be clear why the event is taking place. Its purpose should be clear.

Secondly—the expenditure should be under control. They should not exceed the budget.

Thirdly—The result should be hundred percent. Thus the adjustment of purpose, funding and result can be seen in the burning of Lanka by Shri Hanuman. The burning of Lanka is big event in the Ram Katha.

Hanumanji knew clearly his purpose that he was an ambassador of Ram. By his every activity he gave this message to Lanka.

In case of funding he was so controlled that oil, cloth and labour was obtained from Lanka and Lanka was burned down. There was no

दी। जान–माल की हानि तो राक्षसों की हुई, पर भविष्य में हमेशा के लिए वे 'वानर' नाम से ही भयभीत हो गए। किसी भी इवेंट की सबसे बड़ी सफलता यह है कि लोग इसे भविष्य में लंबे समय तक याद रखें।

बाद में जब युद्ध के पूर्व अंगद को दूत बनाकर लंका में भेजा गया, तो उन्हें देख राक्षस भयभीत हो गए थे उन्हें अंगद में हनुमानजी ही नजर आ रहे थे।

असुर निकंदन के साथ 'राम दुलारे' कहा है। क्योंकि सीताजी ने हनुमानजी पर आशीर्वाद की झड़ी लगा दी थी।

"अजर अमर गुननिधि सुत होहू।
करहूँ बहुत रघुनायक छोहू।"

(राचमा / सु.का. / 16 / 2)

हे पुत्र! तुम अजर (बुढ़ापे से रहित), अमर और गुणों के खजाने होओ। श्री रघुनाथ जी तुम पर बहुत कृपा करें।

सीताजी के ऐसे ही आशीर्वाद के कारण, गोस्वामीजी ने इन्हें राम के दुलारे कहा।

expenditure incurred on the part of Ram and a big event happened in the lives of the ogres.

The third thing was that the result was hundred percent. "Ulat-palat Lanka sab jari". Hanumanji burned down Lanka from one corner to another. Life and property of the ogres was damaged and for future they became afraid of the very name of a monkey. The greatest success of an event is that people should remember it for long time to come.

Thereafter, during the war Angad was sent to Lanka as ambassador. All the ogres became afraid of him because they saw in him a reflection of Hanumanji.

Along with Asur nikandan (killer of ogres) he has been called Ram Dulare (dear to Ram), because Sitaji had blessed him profusely.

"Ajar amar gunnidhi sut hohu,
Karhun bahut Raghunayak chhohu."

(RCM/Su.K./ 16/2)

O Son! You should be without old age, immortal and full of virtues. Ram should be very kind to you.

Because of such a blessings of Sitaji, Goswamiji has called him Ram dulare (dear to Ram).

31

अष्ट सिद्धि नौ निधि के दाता।
अस बर दीन जानकी माता।।

आपको जानकी मां ने ऐसा वरदान दिया कि आपको अष्ट सिद्धि और नव निधियाँ मिलीं।

सिद्धियां आठ होती हैं–अणिमा (सूक्ष्म), महिमा (बड़ा), गरिमा (भारी), लघिमा (छोटा), प्राप्ति (मन चाहे पदार्थ), प्राकाम्य (धरती में समाना/आकाश में उड़ना), ईशत्व (परम शान्ति) और वशित्व (वश में करना।)

गोस्वामीजी का कहना है कि ये आठों सिद्धियां आपके पास हैं। और कुबेर की जो नवनिधि हैं, वे भी आपके पास हैं। ये कुबेर के खजाने में रहती हैं, या हमारे हनुमानजी के पास हैं।

पद्म, महापद्म, शंख, मकर, कच्छप, मुकुन्द (विष्णु), कुन्द (कमल), नील और खर्व, ये नौ निधियां हैं।

इनके अतिरिक्त नवरत्न भी होते हैं। मुक्ता (मोती), माणिक्य, वैदूर्य, गोमेद, वज्र, विद्रुम, पद्मराग, मरकत तथा नील। नवनिधि का एक आध्यात्मिक अर्थ भी है। श्रवन, कीर्तन, स्मरण, पादसेवनम्, अर्चन (विग्रह पूजा), वन्दनम्, दास्यम्, सख्यम्, आत्मनिवेदन (पूर्ण शरणागति)। ये नवधा भक्ति ही नवनिधि हैं, साधक की।

ये अष्ट सिद्धि और नवनिधि हनुमानजी को सीताजी ने प्रदान कर रखी हैं।

हनुमानजी को श्रीराम और सीताजी दोनों का समान और भरपूर नेह (ध्यान) मिलता है।

रामजी का भी ध्यान इन पर है और जानकी का भी ध्यान इन पर है। कलयुग में 'ध्यान' का हमारे जीवन में बहुत महत्त्व हो जाता है। ध्यान के मामले में हनुमानजी बहुत सावधान हैं, इसलिए हम उनका पल्ला पकड़े रखें। इनको ध्यान आकर्षित कराना बहुत अच्छा आता है। रामजी इनकी ओर ध्यान दें, सीताजी इनकी ओर ध्यान दें, इस कला में ये बहुत पारंगत हैं। परमात्मा भी

31

Ashta siddhi nau nidhi ke data,
As bar deen jaanaki mata.

Mother Janaki blessed you in such a way that you got eight accomplishment and nine treasures.

There are eight accomplishments—anima (small), mahima (big), garima (heavy), laghima (light), prapti (things desired), prakamya (to bury under the earth, to fly in the sky), ishatva (eternal peace) and vashitva (to have control).

Goswamiji says that, Hanumanji has all these eight accomplishment and he also has nine treasures of Kubera. These treasures are with Kubera and also with Hanumanji. They are—padma (lotus), maha padma (the great lotus), shankha (conch), makara (capricornus), kachhapa (tortoise), mukund (Vishnu), kunda (lotus), neela (sapphire), kharva (billion).

Besides this there are nine gems—

mukta (pearl), manikya (ruby), vaidurya (bury), gomed (sardonyx), vajra (bolt), vidrum (coral), padmaraga (ruby), markat (emerald) and neel (supphire). There is a spiritual meaning of nav nidhi, i.e. shravan (listening), kirtan (singing), smaran (remembering), padsevanam (massaging of feet), archan (vigrah pooja), vandanam (adoration), dasyam (slavery), sakhyam (friendship), atma nivedanam (complete refuge). These nine types of devotion are navnidhi of a devotee.

These eight siddhies and navnidhies have been provided to Hanumanji by Sitaji.

Hanumanji has full and equal attention of Shri Ramji and Sitaji.

Both Shri Ram and Janakiji have their attention on Hanumanji. In kalyuga meditation is of great significance in our life. Hanumanji

हमारी ओर ध्यान दें इसमें हनुमानजी हमारे लिए बहुत मददगार साबित होंगे।

हम विचार करें जो छोटे–छोटे बच्चे होते हैं, वो 'ध्यान' में ही जीते हैं। उनके लिए तो जिधर ध्यान है उधर जीवन है।

हर आदमी चाहता है कि सबका ध्यान हमारी ओर रहे, यह वह ध्यान है, जिसे आज की भाषा में 'रिसपांस' कहते हैं। यह वह ध्यान है, जो आदमी के अहंकार को संतुष्ट करता है।

हमारे वैज्ञानिकों ने यह प्रयोग किया कि जो बच्चे मां के ध्यान में पले हैं और जो बच्चे बिना मां के ध्यान के पले, उनका विकास अलग–अलग हुआ। कुछ बच्चों के लिए नर्स रखी तो नर्स समय से दूध देगी, खाना देगी, सुला देगी। साजसंवार पूरी करेगी लेकिन 'ध्यान' नहीं देगी, मां के ध्यान से जो उष्मा मिलती है, उससे बच्चा बहुत प्रफुल्लित होता है।

कोई बच्चा यदि गिर जाए, तो वह खड़ा होगा इधर–उधर देखेगा कि कोई ध्यान तो नहीं दे रहा है, यदि कोई नहीं देख रहा हो, तो वह चुप हो जाएगा। गिरने के आधे घंटे बाद उसकी मां आए, तो वह आधे घंटे बाद ही रोता है। उसको गिरने की चिन्ता नहीं उसको ध्यान की चिन्ता है।

एक सज्जन थे, किसी मनोवैज्ञानिक के पास गए और बोले–क्या बताऊँ बहुत परेशान हूं। मेरी शादी को 6–7 साल बीत गए। छह साल पहले जब घर जाता था, तो मेरी पत्नी स्लीपर लेकर दौड़कर आती थी और हमने ताजा–ताजा कुत्ता पाला था तब वह भौंकता था मेरे ऊपर। आज छह साल हो चुके हैं, अब घर जाता हूं, तो स्लीपर तो कुत्ता लेकर आता है और वह भौंकती है।

मनोवैज्ञानिक ने कहा कि "आपको सेवा तो वही मिल रही है, चिन्ता किस बात की?"

आदमी ने कहा कि "साहब, बात सेवा की नहीं बात ध्यान की है। जिसको ध्यान देना चाहिए, वह दे नहीं रही है और जिसको नहीं देना चाहिए, वह दे रहा है।"

ध्यान की ऐसी अपेक्षा है सबको। हनुमानजी इसमें बहुत पारंगत हैं।

उन्होंने श्रीराम और सीताजी दोनों का ध्यान अपनी ओर आकर्षित कर रखा है। इसीलिए तुलसीदासजी ने पंक्तियां लिखी, 'असुर निकंदन राम दुलारे' और 'अस बर दीन जानकी माता।'

is very careful about meditation so, we should get hold of him. He is expert to draw your attention. Shri Ramji and Sitaji should pay their attention towards him, he is expert in this art. God should pay attention to us, Hanumanji can be very helpful to us in this.

We should observe that little children live alive in meditation. For them life follows their meditation.

Everybody wants that all should pay attention to him. It is the attention which in the modern language is called response. It is the attention which satisfies human pride.

The scientists have made experiments that, the children who have been brought up under the attention of mother and those who have been brought up without mother's attention have developed seperately. If a nurse is employed for sometime, she would give him milk, food on time and she would made him sleep. She would look after him fully but she would not pay attention. The warmth that a child gets from the attention of mother makes him very happy.

If a child falls down, it will stand up, will look around whether someone is paying attention to him. If no body looks he will be silent. If mother comes after half an hour after falling down, he will start weeping after half an hour. He is not anxious about fall, he is anxious about attention.

A gentleman went to a psychologist and said that, he was very worried. Six-seven years have passed the time when I got married. Before six years when I reached home my wife came running with my sleepers. We had a new poodle and it barked at me. After six years when I reach home the poodle brings my sleepers and she barks.

The psychologist said,"you are getting the same service. Why should you be worried." The man said,"It is not the question of service. It is the question of attention. She who should pay attention, is not doing it and the poodle who should not pay any attention is doing it."

Everybody expects such attention. Hanumanji is very expert in it.

He has attracted attention of Shri Ram and Sitaji towards him. Therfore Tulsidasji wrote, "Asur nikandan Ram dulare" and "as bar deen Janaki mata."

32

राम रसायन तुम्हरे पासा।
सदा रहो रघुपति के दासा।।

आप अनन्तकाल से श्रीरामजी के दास हैं। राम नाम रूपी रसायन (भवरोग की अमोघ औषधि) सदा आपके पास रहती है।

इस चौपाई में हनुमानजी की दो अलग–अलग विशेषताओं की चर्चा आई है। एक तो उनके पास रामनाम का रसायन है और दूसरे वे रघुपति के अत्यन्त निकट के सेवक हैं।

वृद्धावस्था और बीमारियों के दूर करने वाली औषधि को रसायन कहते हैं। हनुमानजी के पास आयु और आरोग्य दोनों की कुंजी है। जो लोग इस राम रसायन का सेवन करते हैं, उन्हें दीर्घायु, स्मरण शक्ति, बुद्धिबल, आरोग्य, यौवन, तेज, सुवर्ण, सुंदरकंठ, सुगठित देह तथा इन्द्रियों की पटुता प्राप्त होती है।

रसायन का एक वैज्ञानिक संबोधन केमेस्ट्री भी है। जीवन की केमेस्ट्री के फार्मूले श्रीहनुमान से प्राप्त किए जा सकते हैं। एक दूसरे से मिलने पर तत्त्वों के परिवर्तन का अध्ययन रसायन विज्ञान (केमेस्ट्री) का मुख्य विषय है।

व्यक्तियों और परिस्थितियों से घुल मिलकर हमारे जीवन में जो भी परिवर्तन या परिणाम हों वो अनुकूल रहें यह जिन्दगी की सबसे अच्छी केमेस्ट्री होगी। **इसे 'चेंज मैनेजमेंट' भी कहते हैं। आज का दौर बदलाव का दौर है। बदले हालात का सही आकलन कर खुद को परिवर्तन कर लेने से 'मिसफिट' या 'डिस्कम्फर्ट' होने से बचा जा सकता है।**

प्रबंधन के क्षेत्र में एक किस्सा बयान किया जाता है। गरम पानी में एक अंडा, एक आलू तथा रोस्टेड बींस कॉफी डाले गए। उबलने के बाद तीनों के परिणाम अलग–अलग आए। अंडा उबलकर और कठोर हो गया। आलू लिज–लिजा हो गया। लेकिन कॉफी के बींस घुलकर कॉफी बन गए तथा उन्होंने पानी को अपना सुगन्ध और रंग भी दे दिया।

इसका संकेत सिर्फ इतना है कि कहीं हम स्थितियों के प्रति अंडे की तरह

32

Ram rasayan tumhare pasa,
Sada raho Raghupati ke dasa.

From time immemorial you have been a slave of Shri Ramji. You always have with you a chemical of Ram's name (a panacia for the worldliness).

In this verse two separate qualities of Hanumanji have been mentioned. First he has with him a chemical of Ram's name and secondly he is very near and dear servant of Raghupati.

A medicine which removes old age and disease is called chemical. Hanumanji has key to both health and longevity. Those who use this chemical of Ram's name get longevity, memory, intellectual strength, health, youth, shine, good colour, sweet voice, well built body and active senses.

Chemical in science pertains to chemistry. The formulae of life chemistry can be obtained from Hanumanji. Changes occuring by combination of elements are the subject matter of study in chemistry.

By mixing ourselves with persons and situations whatever changes occur in our lives if they are favourable, it would be a good chemistry of life. **It is also called change management. It is the age of change. In the changed circumstances by making a correct calculation if one can change one self, one can save oneself from being called a misfit or discomfort.**

In the sphere of management there is a story. In hot water an egg, one potato and roasted beans of coffee were dropped. After boiling results of the three were different. The egg became harder after boiling. The potato became soft but the coffee beans dissolved and became coffee and it also provided smell and colour to water.

रेजिस्ट (कठोर) हो जाते है तो कहीं आलू की तरह लिज–लिजे, पिलपिले रह जाते है। कॉफी के बींस की तरह के परिणाम को 'चेंज मैंनेजमेंट' का सूत्र कहा जाता है।

श्रीहनुमान चालीसा में जिस रसायन की चर्चा हुई है और जो हनुमानजी के पास है, इसका अर्थ है कि सभी परिस्थितियों के अनुकूल रहना।

इस रसायन का आध्यात्मिक संदेश यह है कि हमारा रहना इस प्रकार हो ''हम संसार में रहें, संसार हममें न रहे।''

''सदा रहो रघुपति के दासा'' इस पंक्ति में 'सदा' शब्द बड़ा महत्वपूर्ण है।

श्रीराम ने हनुमानजी को उनकी उपयोगिता, उनके समर्पण, और भक्ति के कारण 'सदा' अपने पास रहने का गौरव दिया है। श्रीराम का मानना है कि कब, कौन–सी समस्या आ जाए, इसलिए समाधान हेतु श्री आंजनेय का साथ रहना ठीक है।

प्रबंधन का एक सीधा-सा सूत्र है यदि आप समाधान का हिस्सा नहीं हैं, तो फिर आप स्वयं एक समस्या हैं।

श्रीहनुमान का यह समाधानकारी चरित्र हमें जीवन तत्त्वों का सही उपयोग करते हुए व्यक्तित्व–विकास की प्रेरणा देता है।

The indication here is that, sometimes we become hard to situation like the egg or we become soft like the potato. The result of coffee beans is called the formula of change management.

The chemical mentioned in the Shri Hanuman Chalisa, which Hanumanji posses is remains adaptable to all situation.

The spiritual message of this chemical is that our life should be such that we should live in the world but the world should not live in us.

"Sada raho Raghupati ke dasa" in this line the word sada *always* is very important.

Shri Ram has provided Hanumanji the honour to always live with him because of his utility, dedication and devotion. Shri Ram thinks that any unforeseen circumstance may happen and for the solution of it Shri Anjaneya should live with him.

It is a simple formula of management that if you are not a part of solution, you are a problem yourself.

This determinative character of Hanumanji inspires to develop our personality by correctly using the elements of life.

33

तुम्हरे भजन राम को पावै।
जनम जनम के दुख बिसरावै।।

34

अंत काल रघुबर पुर जाई।
जहाँ जन्म हरि–भक्त कहाई।।

आपके भजन से प्राणियों को जन्म–जन्म के दुखों से छुटकारा दिलाने वाले भगवान् श्रीराम की प्राप्ति हो जाती है। अंत समय में मृत्यु होने पर वह भक्त प्रभु के परमधाम जाएगा और यदि फिर से जन्म लेना पड़ा तो उसकी प्रसिद्धि हरिभक्त के रूप में हो जाएगी।

यहां यह बात आती है कि हनुमानजी के भजन रामजी को अच्छे क्यों लगते हैं? वास्तव में हनुमानजी संगीत के बहुत बड़े जानकार थे। सबसे बड़ी विशेषता थी कि कौन–सा भजन कब गाया जाए, कौन–सी राग कब लगाई जाए, इसमें वे बड़े दक्ष थे।

हमारी संस्कृति पुनर्जन्म में विश्वास करती है और गोस्वामीजी कह रहे हैं, कि जनम–जनम के दुख बिसरावे। कितना बड़ा आश्वासन है।

यह जो अंतिम समय होता है और जब यह आता है तब इस समय हम कहते हैं कि अरे, अंतकाल आ गया है, अब रामनाम लिया जाए। लेकिन अंतिम समय नाम हम इसलिए लेते हैं, अगला जीवन हमारा अच्छा हो।

दरअसल हमारा जो अंतिम है वही अगले जीवन का प्रारंभ है। अगला जीवन जब आरंभ होगा तब होगा, बीज हम अभी बो रहे हैं। एक उदाहरण है। भगवान् शंकरजी की पहली पत्नी सती ने जब देह त्यागी थी, तो उनके मन में इच्छा

33

Tumhare bhajan Ram ko pave,
Janam janam ke dukh bisrave.

34

Ant kal Raghuvar pur jai,
Jahan janm Hari bhakt kahai.

By your prayer the creatures get Shri Ram, who provides salvation from grief of many births and deaths. In the end after his death the devotee goes to heaven of God and if he has to be born again he will be famous as devotee of God.

Here the question arises why the prayers offered to Hanumanji are liked by Shri Ram? In fact, Hanumanji was a connoisseur of music. A great speciality was which prayer should be recited and when, which raga should be sung and when, he was expert in this.

Our culture believes in rebirth, and Goswamiji says, it provides salvation from grief of many births. It is a big consolation.

When the end comes we say that, the end has come we should pronounce Ram's name but we pronounce his name at last so that our next life should be good.

In fact our end of this life is the beginning of the next. We sow the seeds of next life now even though we are not aware of it. For example when the first wife of Shankara, Sati left her body she had the desire that, she should be wife of him in every birth. Her last

थी कि मैं जनम–जनम शंकरजी की दासी रहूं। अंतिम समय में जो इच्छा थी, वह पूरी हो गई थी। पार्वती के रूप में जन्म लिया।

तो जो इच्छा हमारी अंतिम समय में रहती है, वह हनुमानजी पूरी कर देते हैं। इसलिए हमारे देश में जीवन के अंतकाल में सब बहुत सावधान हो जाते हैं। मंदिरों में, तीर्थ स्थानों पर, कथा–प्रवचनों के पंडालों में, वृद्धजन ही अधिक पहुंचते हैं।

तरुणाई ने तो इनकी जगह दूसरे स्थान खोज लिए हैं।

मंदिर सिर्फ बुढ़ापे के विश्रामालय बन गए, तीर्थ थके पांव की मंजिलों में तब्दील हो गए।

दो मित्र थे, एक ही क्लास में पढ़ते थे। एक मित्र जब दूसरे के घर जाया करता था, तब वह देखता था कि उसके मित्र की दादी हमेशा गीता, रामायण ही पढ़ती रहती हैं। उसने अपने मित्र से पूछा "मैं जब भी तेरे घर आता हूं तो तेरी दादी हमेशा पढ़ती रहती हैं, ये किसकी तैयारी कर रही हैं?" वह बच्चा गीता, रामायण के बारे में अधिक जानता नहीं होगा।

तब दूसरे मित्र ने बोला "मेरी दादी अपने फायनल एग्ज़ाम की तैयारी कर रही हैं।"

अब आजकल कम ही युवा बैठते हैं पूजा में। ताजे फूल भगवान् को चढ़ाएं। जब मुरझा रहे हैं, तब चढ़ा रहे हैं भगवान् को। जवानी में समर्पित होना चाहिए परमात्मा के प्रति, तब अच्छे संस्कार पाएगी नई पीढ़ी। हम खान–पान सदैव ताजा ग्रहण करते हैं। किन्तु स्वयं ताजा, नया, नवीन और नूतन रहकर ईश्वर को अर्पित नहीं होते।

यदि हम बाल्यकाल, युवावस्था में सजग रहकर ईश्वर के प्रति समर्पित रहें तब इसका फल है यह चौपाई–"अंत काल रघुबर पुर जाई। जहाँ जन्म हरि–भक्त कहाई।"

desire was fulfilled and she was born again as Parvati.

So our last desire is fulfilled by Hanumanji. So in our country everybody becomes very careful at the end of life. In temples, holy places, discourses pandals most of the people who congregate are old people.

Youth has found out other places instead.

Temples have become last resorts for old age. Holy places have become destinations for tired legs.

There were two classmates. One of them used to visit others home and saw that his grand mother used to read the Geeta, Ramayan etc. He asked his friend,"whenever I go to your house I see your grand mother always reading. What for she is making preparation?" The boy did not know much about the Geeta and Ramayan.

His friend said, "my grand mother is making preparation for her final exams."

Nowadays very few young people do worship. Fresh flowers are offered to Bhagwan. But now the faded flowers are offered to Bhagwan. In youth dedication should be to God then the new generation will get good sansakars. We always eat fresh food but we do not dedicate ourselves to God when we are fresh and new.

If we dedicate ourselves to God in childhood and youth carefully, its result would be the following verse, "Ant kal Raghubar pur jai, Jahan janma Hari bhakt kahai."

35

और देवता चित्त न धरई।
हनुमत सेइ सर्ब सुख करई।।

आपकी इस महिमा को जान लेने के बाद लोग अन्य देवता को अपने चित्त में स्थान नहीं देंगे। केवल आपकी ही सेवा में सारे सुख मिल जाएंगे।

और देवता कहने का एक अन्य अर्थ भी है। 'और अधिक' देवताओं को चित्त में न रखें। जो भी आपके इष्ट हों उन्हे बनाए रखें, लेकिन दूसरों के इष्ट की आलोचना भी न करें।

इसका दूसरा अर्थ यह भी है कि यदि हनुमानजी को आप पूजेंगे, तो अन्य देवता आपको परेशान नहीं करेंगे। जैसे होता है कि कभी हम सोचते हैं, शनि महाराज नाराज हो जाएंगे। तो तुलसीदासजी यह आश्वासन दे रहे हैं कि चिन्ता न की जाए।

जिन्हें ज्योतिष में विश्वास है, वे ग्रहों के रूप में शनि को अत्यधिक पीड़ादायक मानते हैं। यदि जातक की राशि में शनि का प्रवेश हो, तो हर संभव प्रयास किया जाता है कि इनके कोप से बचा जाए।

विद्वान् लोग एक कथा सुनाते हैं। एक बार गर्व में डूबे सूर्यपुत्र शनि ने श्रीराम के ध्यान में मग्न श्रीहनुमान को बाधा पहुंचाई। हनुमानजी ने शनिदेव को समझाया कि वे ध्यान कर रहे हैं। परेशान न करें। किन्तु शनिदेव ने उन्हें बलपूर्वक युद्ध के लिए ललकारा। तब हनुमानजी ने अपनी पूंछ में शनिदेव को लपेटा और चारों और घुमाते हुए चट्टानों पर पटक–पटक कर लहूलुहान कर दिया।

पीड़ित शनिदेव ने अपनी मुक्ति के लिए श्रीहनुमानजी को यह वचन दिया कि "मैं कभी आपके भक्त की राशि में प्रवेश नहीं करूंगा।"

अपने घावों से परेशान होकर शनिदेव तेल–तेल का विलाप करने लगे। इसीलिए उन्हें तेल चढ़ाकर प्रसन्न किया जाता है।

35

Aur devata chit na dharai, Hanumat sei sarva sukh karai.

Having known your greatness people will not think of any other God. They will realize all happiness in your service.

There is another meaning in saying other Gods. One should not think of "other Gods". Whosoever is your favourite should be retained but others favourite should not be criticised.

It also means that, if you worship Hanumanji other God would not give you trouble. As often happens we think that the Saturn would be angry. Tulsidasji promises that you should have no worry on this account.

Those who have faith in astrology consider the Saturn to be the most inauspicious. If the Saturn takes a seat in the rashi of the person, every time effort is made to get rid of its influence.

Scholars tell a story. Once the proud son of the Sun god Saturn tried to create obstruction in the meditation of Hanumanji who was absorbed in the thought of Shri Ram. Hanumanji explained to Saturn that he was meditating so he should not create trouble. But the Saturn challenged him for a battle. Then Hanumanji intertwined the Saturn with his tail, gave it whirl and knocked him on a stone and made him gory.

The aggrieved Saturn for his freedom promised Hanumanji that he would never enter the rashi of his devotee.

Being worried with his wounds the Saturn called for oil. Therefore he is made happy by offering oil.

36

संकट कटै मिटै सब पीरा।
जो सुमिरै हनुमत बलबीरा।।

जो लोग हनुमानजी का स्मरण (सुमिरन) करते हैं उनके संकट दूर होते हैं, पीड़ा मिट जाती है।

तुलसीदासजी ने संकट कटने और पीड़ा मिटने के साथ सुमिरन शब्द लिखा है। इसके पीछे अनोखा दर्शन है।

ध्यान और सुमिरन के अंतर को समझा जाए। अधिकांश लोगों को ध्यान में सबसे बड़ी बाधा मन की रहती है। मन ध्यान को जमने नहीं देता। **संसार में एक बड़ा संकट है मन का अनियन्त्रित होना तथा पीड़ा है उसका अत्यधिक गतिशील रहना।**

तुलसीदासजी का मत है कि ध्यान से सुमिरन आसान है।

सुमिरन करते हुए हम मन की गतिविधि को देख सकते हैं। जब यह प्रक्रिया सध जाए, तो ध्यान लगाने में आसानी होगी।

इसलिए तुलसीदासजी ने सुमिरन का महत्त्व बताया है। संकट और पीड़ा के समय व्यक्ति तुरंत निराकरण चाहता है। **फटाफट और हड़बड़ाहट का अंतर समझते हुए समस्या का त्वरित हल निकालना भी श्रेष्ठ प्रबंधन का प्रमाण है।**

कहा जाता है कि वायु की गति तेज होती है, उससे तेज ध्वनि की गति, उससे तेज प्रकाश की गति और इन सबसे तेज मन की गति होती है, किन्तु मन से भी अधिक तेज गति होती है प्रभु की कृपा की।

और इस कृपा को प्राप्त करने का सबसे सरल माध्यम है, सुमिरन।

36

Sankat kaṭe mitai saḅ peera,
Jo sumirai Hanumat balbeera.

Those who remember Hanuman get rid of troubles and pain.

Tulsidasji has associated the word "sumiran" (remembering) with getting rid of troubles and pain. There is a unique philosophy behind it.

We should understand the difference between meditation and remembering. Most people find that mind is a great obstruction in meditation. Mind unsettles meditation. **The great crisis in the world is that mind remains uncontrolled and its excessive mobility is pain.**

In the opinion of Tulsidasji sumiran (remembering) is easier than dhyan (meditation).

While remembering we can see the activity of mind. When this process is mastered, it would be easier to meditate.

So Tulsidasji has given importance on remembering. At the time of crisis and pain a person requires immediate relief. **Understanding the difference between immediacy and rashness to find out immediate solution is the proof of good management.**

It is said that the speed of wind is fast, the speed of sound is still fast, the speed of light is faster and the speed of mind is the fastest but God's benevolence has a speed faster than the speed of mind. The easiest means to obtain this benevolence is remembering.

37

जै जै जै हनुमान गोसाईं।
कृपा करहु गुरु देव की नाईं।।

हे हनुमान जी! तीनों काल (भूत, भविष्य, वर्तमान) में आपकी जय हो। आप मेरे स्वामी हैं, श्री गुरु देव की तरह मुझ पर कृपा करिए।

तीन बार जै जै जै कहा है, यानि तीनों काल में कृपा करें। इस चौपाई में 'गोसाईं' शब्द का प्रयोग किया है। 'गो' का मतलब इंद्रियाँ और 'साईं' का मतलब उसके मालिक। जो अपनी इंद्रियों के स्वामी हैं वे हनुमान हैं, जिसके वश में अपनी इंद्रियां हैं, वे हनुमान हैं।

आगे लिखा है, कृपा करहु गुरु देव की नाईं। हे हनुमानजी! आप मुझ पर गुरु देव की तरह कृपा करें। मेरी रक्षा गुरु बन कर करें।

देखिए, गुरु बनाना आजकल बहुत समस्या का काम हो गया है। किसे गुरु बनाएं? फिर ठीक गुरु मिले न मिले। गुरु के मामले में हमारी निष्ठा डांवा डोल होती रहती है।

लेकिन यह सत्य है कि दुनिया में कृपा यदि कोई कर सकता है, तो गुरु कर सकता है। भगवान् एक बार नाराज हो जाएं, लेकिन गुरु कभी नाराज नहीं होते।

गोस्वामीजी ने कहा–"कोई चिन्ता की बात नहीं है। न गुरु मिले तो न सही।" उन्होंने तो घोषणा कर दी, "कृपा करहु गुरु देव की नाईं।"

और कोई गुरु न मिले, तो हनुमानजी को ही गुरु बनाएं।

इनसे अधिक कृपालु गुरु हमारे और कौन हो सकते हैं। संपूर्ण श्रीहनुमान चालीसा हमारी गुरु है।

सार्वजनिक जीवन में, नौकरी, व्यवसाय में, हर क्षेत्र के प्रबंधन में श्रीहनुमान चालीसा हमारे लिये बड़ी उपयोगी है।

गुरु देव की कृपा का एक अर्थ होता है, प्रेरणा।

आज के जीवन में प्रेरणा का बड़ा महत्त्व होता है। जिसे हम 'मोटिवेशन' कहते हैं। जो बाहर से प्राप्त होती है उसे प्रेरणा कहते हैं तथा जो भीतर से उपजता है उसे बोध

37

Jai jai jai Hanuman gosain,
Kripa karahun gurudev kee naain.

O Hanumanji! I wish for your victory in past, present and future. You are my master and be kind on me like a guru.

Here the word jai is used three times which means he should be kind in the past, present and future tenses. In this verse the word gosain is used. "Go" means senses and sain means master. He who is master of his senses is Hanumanji. The one who has control over his senses is Hanuman.

Further he writes—O Hanumanji! Do me favour like a guru, protect me like a guru.

See, that to make a guru has become a great problem nowadays. Whom to make a guru? No certainty to find out a proper guru. Our integrity is shaken with regard to guru.

It is true that only a guru can do a favour in the world. Bhagwan may become angry but a guru can never be angry.

Goswamiji says, "Do not worry. If there is no guru, it does not matter". He declared, "do me kindness like a guru."

If there is no guru, make Hanumanji your guru.

No guru can be more kind than Hanumanji. The whole of Shri Hanuman Chalisa is our guru.

In the public life, service or profession, in the management of every field, the Shri Hanuman Chalisa is very useful to us.

One of the meanings of the kindness of guru is inspiration.

In modern life inspiration has a great importance. It is also called motivation. Inspiration or motivation comes from outside. What comes from within is called perception.

कहते हैं। प्रेरणा से जगत् चलता है तथा बोध से जगदीश मिलता है।

गुरु के रूप में हनुमानजी की कृपा से प्रेरणा और बोध दोनों प्राप्त होते हैं।

साधना के मूल में जो प्रेरक तत्त्व हैं, वे क्या हैं? इस बात को जानना आवश्यक है। कौन सा तत्त्व हमें प्रेरणा दे रहा है? कहीं वह पाप से संचालित तो नहीं? क्योंकि कई तत्त्व पाप से प्रेरित होते हैं।

एक छोटी सी कहानी है। एक साधक का नियम था कि वह प्रतिदिन प्रातः तीन बजे उठकर साधना किया करते थे। एक दिन ऐसा हुआ कि उनकी तीन बजे नींद नहीं खुली। हमेशा स्वतः खुलती थी, उस दिन नहीं खुली।

थोड़ी देर बाद उन्होंने देखा कि किसी ने उन्हें झकझोरकर उठाया। उठे, चौंके, देखा समय हो गया है तो तुरत–फुरत सारी क्रियाएं निपटाईं। जब उनकी पूजा पूरी हो गई तब उन्होंने विचार किया कि वे कौन थे, जिन्होंने मुझे उठाया।

साधक तपस्वी थे, ध्यान लगाया, जिसने उठाया था वह सामने आ गया। पूछा "आप कौन हैं?" वह एक काला– सा आदमी था। उत्तर दिया "मैं पाप हूं", साधक चौंके – "आप पाप हैं, तो आपने मुझे क्यों उठाया?"

उन्हें कुछ समझ में नहीं आया। क्योंकि पाप का काम तो भगवान से दूर करना है, पूजा, उपासना, ध्यान में विघ्न डालना है।

तब पाप बोला "इसलिए उठाया कि आज से कोई छह महिने पहले भी तुम्हारी नींद नहीं खुली थी और जब तुम सुबह उठे तो तुम्हें बहुत ग्लानि हुई थी, क्योंकि नियम भंग हो गया था। तो भगवान् के सामने बैठकर तुम इतना रोये कि सामान्य रूप से पूजा करते समय तुम भगवान् के सामने इतना नहीं रोते हो। तुम भगवान् के और निकट चले गए थे। इसलिए मैंने सोचा कि भैया तुम्हें उठा दूं, क्योंकि मेरा उद्देश्य यही है कि किसी भी तरह से भगवान् से भक्त को दूर करूं। मैंने सोचा कि आज इतना ही कमाऊं कि तुम्हें समय पर उठा दूं"

कहानी यह बताती है कि पाप कभी–कभी स्वयं उसकी ही मदद कर रहा होता है और हमें लगता है कि पाप हमारा सहारा बन रहा है, हमें सहयोग दे रहा है, हमें परमात्मा के निकट ले जा रहा है, लेकिन पाप की मंशा कुछ और होती है।

हम उसे पहचान नहीं पाते और उसे अपना सहयोगी मान लेते हैं। अतः हमें ध्यान रखना होगा कि जो प्रेरक तत्त्व पाप से प्रेरित हैं, कहीं हमारा जीवन उन्हीं से तो संचालित नहीं हो रहा।

हनुमानजी कई लोगों को ऐसी स्थिति से बचाते हैं। प्रसंग आता है कि विभीषण को हनुमानजी ने ऐसे ही बचाया था। विभीषण पाप (रावण) से संचालित होकर अपने धर्म से पाप को ही पोषित कर रहे थे।

The world moves by inspiration and God may be realized by perception.

With the kindness of Hanumanji as a guru both inspiration and perception may be obtained.

It is necessary to know the motive force behind devotion. Which of the element is motivating us? Are we motivated by sin? Because many elements are inspired by sin.

There is an anecdote. It was a rule for a devotee that he got up at three in the morning and performed his devotion. One day it so happened that he failed to get up at three. He always got up automatically but on that day he did not.

After sometime he felt that someone shook him up. He got up, saw that the time was up and he hastily performed all the rituals. When his worship was over, he thought about the person who woke him up.

The devotee was ascetic. He meditated and the person who woke him stood before him. "Who are you?" He enquired. He was a dark man. He said, "I am sin." The devotee was taken aback, "If you are sin, why did you wake me?"

He was at a loss to understand. Because the function of sin was to take anyone away from God. To create obstacles in worship, devotion and meditation.

Sin observed, "I woke you up because six months ago from today you failed to get up on time and when you got up you were disgusted because the rule was broken and you wept bitterly before Bhagwan that usually you do not weep so bitterly during worship. You went much nearer to God. So I thought that I should wake you because my purpose it to take the devotee away from God any how. I thought that my today's earning should be to wake you on time."

The story's moral is that sin sometimes helps itself and we think that it is helping us, co-operating with us, taking us near God, but motivation of sin is something else.

We fail to recognise it and treat it as our assistant so we have to keep in mind that the motive forces inspired by sin do not direct our life.

Hanumanji saves many people from such situations. In the context of Vibhishan, Hanumanji saved him from it. Vibhishan being directed

साधक को यह ध्यान रखना होगा कि कहीं ऐसा तो नहीं कि हमारी साधना का जो प्रेरक तत्त्व है, वह पाप से प्रेरित हो रहा हो।

लेकिन ऐसा जान लेना एक साधक के लिए कठिन होता है। इसलिए बाबा हनुमंतलालजी का आश्रय लेना चाहिए। तब हम ऐसी परिस्थिति से बच सकते हैं।

हम हनुमानजी से सबसे बड़ी बात यही सीखते हैं कि वे सबके प्रिय हैं, सबका ध्यान रखते हैं, गुरु यही तो करते हैं!

by sin (Ravan) was helping sin by his dharma.

The devotee has to keep in mind lest the motive force of devotion should be directed by sin.

But it is difficult for a devotee to know so he should take recourse to Baba Hanumantlalji. Then he will save him from such a situation.

We learn a great thing from Hanumanji that he is dear to all, cares for everyone. Gurus do the same thing.

38

जो सत बार पाठ कर कोई।
छूटहि बंदि महा सुख होई।।

39

जो यह पढ़ै हनुमान चलीसा।
होय सिद्धि साखी गौरीसा।।

जो इस श्रीहनुमान चालीसा का सौ बार पाठ करता है वह सारे बंधनों और कष्टों से छुटकारा पा जाता है और उसे महान् सुख की प्राप्ति होती है।

गौरीपति शंकर का साक्ष्य (शपथ) लेकर कहते हैं जो इस श्रीहनुमान चालीसा का पाठ करेगा, उसे निश्चित ही सिद्धि (लौकिक एवं पारलौकिक) और सभी प्रकार के उत्तम फल प्राप्त होंगे।

तुलसीदासजी कह रहे हैं, सौ बार पाठ करें तो महासुख होगा। जिन्हें कोई काम नहीं, वे तो सौ बार पाठ कर सकते हैं, किन्तु अनेक लोगों को नौकरी पर जाना है, धंधा करना है। गोस्वामीजी कहते है सौ बार नहीं कर सकें तो कम से कम तीन बार या पांच बार पाठ करें चाहे तो ग्यारह बार करें।

लेकिन फिर नियम से करें। यदि आपका नियम है कि पांच बार पाठ करेंगे तो फिर कम से कम पांच बार अवश्य करें। तीन मिनट से लेकर पांच मिनट तक लगते हैं श्रीहनुमान चालीसा करने में।

जाप करिये, पाठ करिये, आवृत्ति होगी। और यही आवृत्ति आपके जीवन को सही दिशा दे देगी, धन्य कर देगी।

गोस्वामीजी कहते हैं 'जो सत बार पाठ कर कोई।' कुछ विद्वानों का ऐसा भी मत है कि 'श' को अवधि भाषा में 'स' उच्चारित किया जाता है। अतः सत

38

Jo sat bar path kar koi,
Chhootahi bandi maha sukh hoi.

39

Jo yah padhe Hanuman Chalisa,
Hoi siddhi saakhi gaureesa.

He who reads the Shri Hanuman Chalisa hundred times, becomes free from all bondage and troubles. He becomes very happy.

Goswamiji asserts on oath of Shankar, husband of Parvati that he who reads Shri Hanuman Chalisa will surely get siddhies (mundane and heavenly) and will be awarded with good results.

Tulsidasji says that he who reads it hundred times will be very happy. Those who have nothing else to do can read it hundred times. But there are many who have to go for job, for business.Goswamiji says, if you can not do it hundred times, do it at least three times, five times or eleven times

But do it regularly. If you do it five times, do it regularly. To read the Shri Hanuman Chalisa three to five minutes time is required.

Do Jap (keep reading), it will be repetition and this repetition will give right direction to your life, it will make life blissful.

Goswamiji says, "Jo sat bar path kar koi." Some scholars are of the opinion that in the Awadhi dialect 'sh' is pronounced as 's'. Hence sat means seven or hundred as well. Everyday it may be read seven

का अर्थ सात या सौ भी है। प्रतिदिन सात बार भी इसका पाठ किया जा सकता है।

फिर तुलसीदासजी ने बड़ी अद्‌भुत पंक्तियां लिखी हैं। कहते हैं–"जो यह पढ़ै हनुमान चलीसा, होय सिद्धि साखी गौरीसा।" ऐसा नहीं बोला कि जो यह 'बोले', लिखा है 'पढ़े' क्योंकि पुस्तक खोलकर पढ़ने का मतलब है कि नेत्रों से पढ़ना ही पड़ेगा।

अयोध्याकाण्ड में लिखा भी है कि चरित्र गाया जाएगा और सुना जाएगा वह धन्य हो जाएगा। तुलसीदासजी यहां भी ऐसा लिख सकते थे कि जो यह 'सुनें' हनुमान चालीसा। ऐसा होता तो लोगों को और आराम मिल जाता।

किसी को सामने बैठा लेते कि सुनाओ, पांच बार वो सुना देता, हम सुन लेते, लेकिन तुलसीदासजी ने स्पष्ट लिखा है जो यह 'पढ़ै' हनुमान चालीसा।

पढ़ना खुद को पड़ता है, सुना कोई दूसरा भी सकता है। 'पढ़ै' शब्द का एक और गूढ़ अर्थ है। यदि हम जाप भी करें तो ह्रदय की पुस्तक पर उसको पढ़ें। कहने का मतलब यह है कि गाएं भी तो अंतर्मुखी होकर ह्रदय की पुस्तक पर पढ़कर गाएं।

मन की पुस्तक खुली हुई है और हम उसे पढ़ रहे हैं, तो आनन्द अलग ही आएगा। इसलिए गोस्वामीजी ने कहा कि पढ़ना ही पड़ेगा।

आगे वर्णन आया है "होय सिद्धि साखी गौरीसा!"

गोस्वामीजी का दावा है कि यदि श्रीहनुमान चालीसा पढ़ोगे तो सब सही होगा। लोगों के मन में यह प्रश्न आ सकता है कि यदि श्रीहनुमान चालीसा पढ़ेंगे तो सब सिद्ध हो जाएगा, इसका क्या भरोसा? कुछ तो प्रमाण होना चाहिए।

तुलसीदासजी ने प्रमाण दिया 'साखी गौरीसा'। शंकर भगवान् की साक्ष्य (शपथ) लेते हैं। यदि आप श्रीहनुमान चालीसा पढ़ेंगे तो श्रीहनुमान चालीसा सिद्ध होगी और आपके सारे काम सिद्ध होंगे। साक्ष्य शंकरजी को बनाया।

तुलसीदासजी ने शब्द बहुत अच्छा चुना–'साखी गौरीसा।' गौरी (पार्वती) के पति (शंकर) का साक्ष्य करते हैं। गौरीसा कहने के दो–तीन कारण हैं।

यहां गौरी मैया को याद किया है। जिनके बिना सिद्धजन अपने अंदर के ईश्वर को नहीं देख सकते।

मानस के आरंभ में लिखा है–"भवानीशङ्करौ वंदे श्रद्धाविश्वासरूपिणौ। याभ्यां विना न पश्यन्ति सिद्धाः स्वान्तःस्थमीश्वरम्।" *श्रद्धा और विश्वास स्वरूप पार्वती और शंकरजी की मैं वंदना करता हूँ, जिनके बिना सिद्धजन अपने अंतःकरण में स्थित ईश्वर को नहीं देख सकते।* 'भवानी शङ्करौ वन्दे'–भवानी श्रद्धा हैं। शंकर जी विश्वास हैं।

times also.

Then Tulsidasji has written very wonderful lines. He says, "he who reads this Hanuman chalisa will surely get siddhies." He did not say that he who pronounces but he who reads because to read the book means he shall have to read with eyes.

In the Ayodhyakand it is written that the character sung and he will be blessed. Here too Tulsidasji could have written, he who listens to the Shri Hanuman Chalisa. If this were so, it would have been more convenient.

You could have asked any one to sit before you and make you listen. He could have read and you could have listened. But Tulsidasji has clearly stated, he who reads.

Reading can be done only by yourself. Listening can only be from other. The word 'padhe' (read) has another deep meaning too. If we do a Jap we read it on the book of our heart. What is meant is that if we sing we should be introvert and sing it by reading the book of heart.

If the book of mind is open and we read it, the delight will be different. So the Goswamiji says you will have to read. Further he says, "hoi siddhi sakhi gaureesa."

Goswamiji claims that, if you read the Hanuman Chalisa everything will be all right. The question arises what is the certainty that if we read the Hanuman Chalisa everything will be attained, some proof is required.

Tulsidasji gave the proof that he asserts on oath of Shankar. If you read Shri Hanuman Chalisa it will be a siddhi and all your desires will be accomplished. Witness is Shankar.

Tulsidasji selected a very good word, "sakhi goureesa". Shankar, husband of Parvati, stands witness. There are two-three reasons for saying gaureesa.

He remembers mother Gauri without whom accomplished people cannot see God risiding inside.

In the beginning of the Manas it is written, "Bhawani Shankarau vande shraddhaviswasrupinau, Yabhyam vina na pasyanti siddah swantahshtamiswaram." I bow before Parvati and Shankar who are identified with belief and faith, without whom the accomplished people can not see God inside. “Bhawani Shankar all vande”—Bhawani is

गोस्वामीजी कहते हैं, श्रद्धा और विश्वास की शपथ लेकर श्रीहनुमान चालीसा को सिद्ध करें। श्री हनुमान चालीसा कब सिद्ध होगी? जब श्रद्धा और विश्वास होगा। यदि ये दोनों नहीं हों, तो यह सिद्ध नहीं होगी। अतः कहने का तात्पर्य यह है कि श्रीहनुमान चालीसा श्रद्धा और विश्वास के साक्ष्य में पढ़ी जाए।

श्रीहनुमान चालीसा और शंकर–पार्वती साक्ष्य का एक और महत्त्व है। हनुमानजी इस परिवार के सदस्य हैं। हनुमानजी के जन्म को लेकर अनेक चर्चाएँ की जाती हैं।

श्रीहनुमान चालीसा में पक्तियां आई हैं–"संकर सुवन केसरीनन्दन"। ये शंकर के अवतार और केसरीनन्दन हैं। हनुमानजी के जन्म की सर्वाधिक प्रचलित कथा इस प्रकार है। कैलाश पर्वत पर शंकर भगवान् पार्वतीजी के साथ बैठे थे। विचार–विमर्श चल रहा था। एकदम से शंकरजी राम–राम करके बोले, तो पार्वती चौंक गईं। उन्होंने पूछा "क्या बात है महाराज, बहुत गहरा ध्यान लग गया? अचानक आप खड़े हो गए?"

शंकरजी ने कहा "पार्वतीजी, मैं ध्यान कर रहा था और सुनाई दिया कि भगवान् ने देवताओं को कह दिया कि जाओ मैं राम अवतार लूंगा। आप अपने–अपने अंश से जन्म लो। तो मुझे भी लग रहा है कि रावण का अन्त हो रहा है, मैं भी वहां पहुंचूं। अतः मैं जा रहा हूं।"

सुनते ही पार्वतीजी हतप्रभ हो गईं। उन्होंने सोचा, अरे शंकरजी तो प्रस्थान कर रहे हैं, न मालूम अवतार कितने साल चले। इनका क्या भरोसा? मैं तो अकेली रह जाऊंगी। शंकरजी का यह विचार सुनकर पार्वतीजी चिंतित हो गईं।

शंकरजी ने पूछा "हे देवी! आपका चेहरा क्यों उतर गया? परेशान क्यों हो गईं? मैं जाऊंगा अवश्य लेकिन फिर यहां भी रहूंगा। मैं अपना अंश भेजने की सोच रहा हूं।"

पार्वतीजी ने कहा "ऐसी बात नहीं है महाराज, यदि आपको प्रसन्नता है तो आप अवश्य जाइये, लेकिन एक सलाह है, थोड़ा सोच–समझकर जाना। श्रीरामजी जा रहे हैं रावण को मारने और आप चल दिये श्रीराम की तरफ से। यह नहीं भूलें कि रावण आपका भक्त है। उसने आपकी भक्ति के लिए अपने मस्तक दिए थे। आप उसको मरते हुए कैसे देखेंगे?"

अपने प्रियजनों को रोकने के लिए महिलाओं के बड़े मौलिक तरीके होते हैं। शंकरजी को समझाया, "देख लीजिए, आप झंझट में न पड़ जाएं।' स्त्रियां बड़ी अर्थपूर्ण विनम्रता से रोकती हैं।

शंकरजी ने कहा "आप चिन्ता न करें। जाऊंगा अवश्य लेकिन एक व्यवस्था करके जाऊंगा। मेरे ग्यारह स्वरूप हैं। रावण ने मेरे दस स्वरूप देखे थे और एक

shraddha (faith) and Shankar is belief.

Goswamiji says this with the oath of shraddha (faith) and belief one should accomplish Shri Hanuman Chalisa. When there is faith and belief, Shri Hanuman Chalisa can be accomplished. If these two things are absent it cannot be accomplished. What is meant is that Shri Hanuman Chalisa should be read under the oath of faith and belief.

There is another significance of the oath of Shankar Parvati and Shri Hanuman Chalisa. Hanumanji is the member of this family. Many things are said about the birth of Hanumanji.

The line occurs in Shri Hanuman Chalisa itself, "Sankar suvan kesari nandan." He is the incarnation of Shankar and son of Kesari. The prevalent story about the birth of Hanumanji is that, Lord Shankar was sitting with Parvatiji on the Kailash mountain. Discussion was in progress. Suddenly Shankar said, "Ram-Ram" and Parvati was taken aback. She asked, "Maharaj, What is the matter? You appear to be in deep meditation. why you stood up suddenly?"

Shankarji said, "Parvatiji, I was in meditation and I heard Bhagwan telling the gods that, he would take incarnation as Ram. You take birth from your parts. I think that Ravan is going to be destroyed, so I should also go there. Hence I am going."

Hearing this Parvati was surprised. She thought that Shankarji was departing, nobody knew how much time it would take. Who could rely on him? She would be left alone so Parvati became anxious.

Shankar said, "Why have you become downcast? Why are you troubled? I shall go but I shall also be here. I am thinking to send my part."

Parvati said, "Nothing like that Maharaj. If you think proper you should surely go, but there is one advice that you should go after full consideration. Shri Ram is going to kill Ravan and you are going on his behalf. Do not forget that Ravan is your devotee. For your devotion he provided his heads. How can you see him being killed."

Women have original ways to stop their near and dear. She explained to Shankar, " see that you are not in trouble." Women stop with meaningful courtesy. Shankar said, "Do not worry. I shall go but I will make an arrangement. Ravan saw my ten forms and he overlooked one form. Ravan offered me ten head. It is fine?

स्वरूप अनदेखा कर दिया था। रावण ने मुझे दस सिर चढ़ाए थे। बस अब तो ठीक?"

पार्वतीजी ने कहा–"ठीक, आप यहां रहिये और अंश को वहां भेज दीजिए।"

शंकरजी ने कहा "मैं यहां रहूंगा अवश्य, परन्तु ध्यान वहीं लगाए रखूंगा"। इस प्रकार अपने अंशावतार हनुमानजी को भेजा। लेकिन प्रतिदिन स्वयं भी ध्यानपूर्वक वहाँ लीला में रहे।

Parvati said,"Right, you stay here and send your part there."

Shankar said,"I shall surely stay here but, I will think of that place."

Thus he sent Hanumanji there as part of his incarnation but every day he thought of that leela.

40

तुलसीदास सदा हरि चेरा।
कीजै नाथ हृदय महँ डेरा।।

हे हनुमानजी ! यह तुलसीदास सदा सर्वदा के लिए श्रीराम (हरि) का सेवक है। ऐसा समझ कर आप उसके (तुलसीदास) के हृदय में निवास करिए।

इस अंतिम चौपाई में 'नाथ' शब्द का प्रयोग किया है, 'कीजे नाथ हृदय महँ डेरा।' नाथ इसलिए कहा कि यदि हमको लगे कि हम अनाथ हैं, तो फिर हमारे भीतर बाबा हनुमंतलालजी की कृपा का अनुभव करें, हम अनाथ नहीं रहेंगे।

तुलसीदासजी तो अनाथ थे ही। इसलिए अंत में उन्होंने अपने प्रभु को नाथ संबोधन से याद दिया।

आगे 'डेरा' शब्द का प्रयोग किया है। गोस्वामीजी ने स्पष्ट मांग की है कि हे हनुमानजी अकेले मत आना, पूरा डेरा–डण्डा लेकर लेकर आना। डेरा–डण्डा से मतलब है कि आप तो आएंगे ही साथ में रामजी, सीताजी, लक्ष्मणजी पूरा 'डेरा' लेकर आना। भक्त का हृदय भगवान का कैम्प होता है।

डेरे में जब सब होते हैं, तब जाकर फिर डेरा पूरा लगता है और लगता तो कोई एक दिन में नहीं उठता। इसलिए कहा है कि महाराज, डेरा लेकर आना।

जैसे भरतजी डेरा लेकर ही चले थे, जिसमें माताएं थीं, सेना थी। इसलिए कहा–'कीजै नाथ हृदय महँ डेरा।'

40

Tulsidas sada hari chera, Keeje nath hriday mah dera.

O Hanumanji! Tulsidas is always a servant of Shri Ram. Thinking this do stay in his heart.

In this last verse the word "Nath" is used. "Keeje nath hriday mah dera". Nath is used because if we feel that we are orphans, we should have the kindness of Hanumanji and we shall not be orphans.

Tulsidas was an orphan. He, therefore remembers his God as nath in the end.

Further he has used the word "dera". Goswamiji demands that Hanumanji should not come alone, he should come along with "dera danda" (tent and accessories) which means that he should come with Ramji, Sitaji and Laxmanji. The heart of a devotee is the camp of Bhagwan.

When all are present in the tent it looks full and if it is stalled, it cannot be lifted in one day. So it is said that he should come with tent. As Bharat started with the tent where there were mothers, army etc.. So he says, "Keeje nath hriday mah dera."

पवनतनय संकट हरन, मंगल मूरति रूप।
राम लषन सीता सहित, ह्रदय बसहु सुर भूप।

हे पवनसुत! आप सारे संकटों को दूर करने वाले साक्षात् कल्याण स्वरूप हैं। आप भगवान श्री राम लक्ष्मणजी और सीताजी के साथ मेरे ह्रदय में निवास करें।

श्रीहनुमान चालीसा की अंतिम चौपाई तथा दोहे में तुलसीदासजी ने श्री आंजनेय को आमन्त्रण दिया है कि वे पधारें, लेकिन साथ में श्रीरामजी, सीताजी और लखनजी को भी लाएं और आने के पश्चात् वापस न जाएं, स्थायी रूप से निवास करें। भगवान को रहने के लिए तुलसीदासजी ने जो स्थान प्रस्तावित किया है, वह है उनका ह्रदय।

'कीजै नाथ ह्रदय महँ डेरा' तथा अंतिम दोहे में कहा "ह्रदय बसहु सुर भूप।"

श्रीहनुमान चालीसा का आरंभ 'श्रीगुरु चरन सरोज रज' से हुआ है और अन्त ह्रदय पर हुआ है। गुरु के चरण–रज से मन को साफ करें, क्योंकि परमात्मा को बसाने के लिए एकमात्र स्थान है ह्रदय।

ह्रदय से स्वभाव बनता है और मस्तिष्क से व्यवहार बनता है। बाहरी संसार मनुष्य के व्यवहार से संचालित होता है और भीतरी जगत् (आध्यात्मिक) मनुष्य के स्वभाव से नियंत्रित होता है। पहली श्रेणी में वे लोग होते हैं, जो व्यवहार से स्वभाव को बनाते हैं। दूसरी श्रेणी में लोग ऐसे होते हैं, जो स्वभाव से व्यवहार बनाते हैं। ज्ञान, कर्म, उपासना, अपनी नौकरी, व्यवसाय, समाज, परिवार में दोनों ही प्रकार के लोग अलग–अलग परिणाम देते हैं।

पहली श्रेणी के लोग कुशल होते हैं, किन्तु उनके कार्यकलाप कहीं न कहीं स्वार्थ से प्रेरित होंगे। दूसरी श्रेणी के लोग सर्वप्रिय रहेंगे और उनकी कार्यशैली में मूलरूप से ईमानदारी रहेगी।

श्रीहनुमान चालीसा की स्पष्ट घोषणा है कि ईश्वर को ह्रदय में बसाया जाए। **इससे स्वभाव सधेगा और ऐसे लोग सरल, सहज और सुव्यवस्थित होंगे। प्रबंधन की ऊंची उड़ानें इन्हीं तीनों से आरंभ होती हैं, परिश्रम की सारी ऊर्जा इन्हीं में समाहित है। जो सरल होता है, उसका सोच-सत्य और स्पष्ट होता है। जो सहज होता है, उसके निर्णय**

Pawantanay sankat haran, Mangal moorti roop.
Ram Lakhan Sita sahit, Hriday basahu sur bhoop.

O Pawansut! You are the remover of all troubles. You are welfare incarnate. You should stay in my heart with Bhagwan Shri Ram, Laxmanji and Sitaji.

In the last verse of Shri Hanuman Chalisa and couplet Tulsidas has invited Shri Anjaneya to come but he should be accompanied by Shri Ram, Sitaji and Laxmanji and after coming they should stay permanently. The place proposed by Tulsidasji for Bhagwan to stay in is his heart.

"Keeje nath hriday mah dera" and in the last couplet he says, "hriday basahu sur bhoop."

Shri Hanuman Chalisa begins with, "Shriguru charan saroj raj" and it ends on the heart. Mind must be cleaned with the dust of guru's feet because the only place for God's habitation is heart.

Heart makes nature and intellect makes behaviour. Outer world moves by the behaviour of man and the inner (spiritual) world is controlled by his nature. In the first category are placed those people who make their nature by behaviour. In the second category are the people who make behaviour by nature. Both types of people give different results in the field of knowledge, work, worship, service, profession, society, family.

The people of the first category are skilful but their activities are somewhere motivated by selfishness. The people of the second category are universally loved and basically their style of functioning remains honest.

Shri Hanuman Chalisa declares clearly that, God should be allowed to stay in heart. **This will make their nature settled, such people will be simple, natural and systematic. The high flights of management begin from these three things. All the energy of labour**

परिपक्व और दूरगामी रहते हैं और जो सुव्यवस्थित है वह अथाह परिश्रम में भी थकता नहीं।

दुनिया की सारी सफलताएं इन्हीं तीनों गुणों की दासी हैं। और ये गुण श्रीहनुमान चालीसा का प्रसाद हैं।

अब जब श्रीहनुमान चालीसा का समापन हो, तब विचार करें कि गोस्वामीजी ने यह जो श्रीहनुमान चालीसा और श्रीरामचरितमानस लिखा है, यह हमारे लिये कैसे उपयोगी बना।

हमारी संस्कृति वेद–मंत्रों की संस्कृति रही है। एक समय लोग वेद मंत्रों का पाठ करते थे और वेद–मंत्र के उच्चारण में दोष हो जाने पर वेद–मंत्रों का प्रभाव उलटा पड़ता था। वेद में इसके प्रमाण भी हैं।

तो लोगों ने भय के कारण वेद–मंत्र पढ़ना छोड़ दिये। फिर युग आया वाल्मीकिजी का। वे समझ गए कि लोग वेद मंत्र नहीं पढ़ते हैं, तब उन्होंने काव्य की रचना की। वे शब्द थे तो मंत्र ही, पर उन्होंने काव्य का आवरण दे दिया। उनका विचार था कि लोग काव्य के कारण थोड़े बहुत मंत्र भी पढ़ लेंगे।

फिर कालिदास का समय आया। तब उन्होंने ऊपर काव्य–नाट्य रखे तथा नीचे–नीचे मंत्र रखे क्योंकि वे जानते थे कि लोग यह अधिक रुचि से पढ़ेंगे। लोगों को पसन्द भी आया। इसलिए कालिदास जी अधिक पढ़े गए।

लेकिन वेद–मंत्रों का भय वैसा ही बना रहा।

फिर तुलसीदास आए और उन्होंने श्रीरामचरितमानस लिखकर यह बताया कि **मानस की पंक्ति-पंक्ति में परिणाम तो वेद मंत्र का ही है, लेकिन यदि कोई दोष हो जाए तो गलती में दुष्परिणाम नहीं मिलेगा। इतनी बढ़िया व्यवस्था कर दी।**

यदि श्रीरामचरितमानस का पाठ करें, तो परिणाम वेद मंत्र का ही मिलेगा लेकिन अनजाने में त्रुटि होने पर कभी उल्टा प्रभाव नहीं पड़ता।

इसीलिए श्रीरामचरितमानस की हर पंक्ति मंत्रों के समान प्रभावशाली और दिव्य बन गई। मानस का एक–एक शब्द, एक–एक चौपाई, रामनाम का ही विस्तार है।

मानस में तो 'नाम' को ही पूजा गया है। गोस्वामीजी इसलिए कहते हैं कि श्रीहनुमान चालीसा पढ़िये। इससे नाम सिद्ध होगा। श्रीहनुमान चालीसा में श्रीराम के नाम की कई आवृत्तियां हैं, अनेक प्रयोग हैं, विभिन्न उपासनाएं हैं। इसलिए श्रीहनुमान चालीसा को बार–बार पढ़ा जाए।

श्रीराम के नाम के माध्यम से क्या नहीं मिल जाता।

एक रोचक कथा के साथ समापन किया जा सकता है।

किसी गांव के भक्तों ने यह तय किया कि एक मंदिर बनाया जाए। वहाँ

is contained in them. He who is simple has honest and clear thoughts. He who is natural offers mature and long term decisions. He who is systematic never tires of intense labour.

All the successes of the world are the servants of these three virtues and these virtues are the gifts of Shri Hanuman Chalisa.

When we are going to the end of Shri Hanuman Chalisa, we should think how Shri Hanuman Chalisa and Ramcharitmanas written by Goswamiji become useful to us.

Our culture has been the culture of the Ved-mantras and in case of mispronunciation the effect of those mantras was opposite. There are proofs of this in the Vedas.

So on account of fright people left recitation of the Ved-mantras. Then came the age of Valmiki. He knew that people did not recite the Ved-mantras but he presented them in a poetic garb. He thought that on account of poetry people would also read a few mantras.

Thereafter came the age of Kalidasa. He put poetry and drama above the mantras because he knew that the people would read them with more interest. People liked it and so Kalidasa was read more.

But the fright of the Ved-mantras remained the same.

Then came Tulsidas who wrote the Ramcharitmanas and said that the result of every line of the Manas was like that of Ved-mantra but if any mistake was made, no harm would ensue for the mistake. Such a good arrangement was made by him.

If the Ramcharitmanas is recited, the result will be that of the Ved-mantra but if unknowingly any mistake is made the effect will not be opposite.

So every line of the Ramcharitmanas became as effective and Godly as the Ved-mantras. Every word and every verse of the Manas is an extention of Ram's name.

In the Manas "name" is worshipped. Goswamiji therefore says, "read Shri Hanuman Chalisa." It will accomplish "name". In Shri Hanuman Chalisa there are many repetitions, experiments and worships of Ram's name. So Shri Hanuman Chalisa should be read again and again.

By means of Ram's name what not may be achieved.

We end this with an interesting story.

Some devotees of a village decided to build a temple. They were

सभी तरह के भक्त थे। श्रीराम के भक्तों ने कहा कि मंदिर रामजी का बनेगा, हनुमानजी के भक्तों ने कहा, बजरंग बली का. बनेगा। श्रीकृष्णवालों ने कहा बांके बिहारी का बनेगा, दुर्गाजी वालों ने कहा माता का बनेगा, शंकरजी वालों ने कहा–भोलेनाथ का ही बनेगा।

अब सब भक्त इकट्ठे हो गए, निर्णय यह हुआ कि "मतदान करा लें।" मतदान भी हो गया। वोट डाले गए बिलकुल वैसे, जैसे चुनाव में डालते हैं।

शाम को फिर मतगणना हुई। सारे भगवान् भी स्वर्गलोक से नीचे आ गए। भक्तों ने चुनाव तो कर लिया देखें "परिणाम क्या आता है।"

जैसे–जैसे परिणााम आना शुरू हुए, सबसे पहले शंकरजी चल दिये। वे समझ गए कि अब हार गए हैं। वे सोचने लगे कि मजे में कैलाश पर बैठा था, कहां झंझट ले ली।

थोड़ी देर बाद दुर्गाजी ने देखा कि अपनी भी हार हो रही है, तो माताजी भी चल दीं।

श्रीकृष्ण ने सोचा कि हार होती दिख रही है। सुरक्षा व्यवस्था बहुत तगड़ी है, यहां हेराफेरी की संभावना नहीं है। कृष्णजी भी प्रस्थान कर गए।

अंत में मुकाबला दो के बीच ही रह गया था। या तो हनुमानजी का मंदिर बने या रामजी का। अंतिम चरण में मतगणना चल रही थी। कभी रामजी आगे, कभी हनुमानजी आगे। अब रामजी गंभीर हो गए। सामने पूरा रघुवंश बैठा हुआ था। सोच रहे थे कहीं हार न हो जाए।

परिणाम आया। हनुमानजी जीत गए। जय–जयकार होने लगी। रामजी ने सोचा यह क्या हो गया। तब हनुमानजी उनके पैरों में गिर गए, बोले "महाराज! *राम ते अधिक राम कर दासा।*"

परन्तु रामजी के लोगों ने कहा, "नहीं ऐसा नहीं चलेगा। पुनर्गणना की जाए क्योंकि हनुमानजी केवल दो मतों से जीते हैं। कुछ गड़बड़ी की संभावना है।"

पुनः मतगणना हुई और हनुमानजी फिर दो मतों से जीत गए। तब रामजी ने सोचा कि भक्त अपना जीत ही गया। उन्होंने पराजय स्वीकार कर ली।

जय–जयकार होने लगी हनुमानजी की।

श्रीराम ने सोचा, छोड़कर जाने से पहले हनुमानजी से इतना पूछ लें कि ये दो मत कौन से हैं, जिनसे बजरंगी तुम जीत गए?

उन्होंने हनुमानजी से पूछा। हनुमानजी ने उत्तर दिया, "हे प्रभु, मैं तो आपका दास हूं, ये दो मत जिनसे मैं जीता हूं, यह एक 'रा' है और दूसरा 'म' है। बस ये ही हमारे सहारे हैं।"

"महाराज, आपका यह नाम मेरे साथ है, तो फिर मेरी पराजय कैसे हो

all kind of devotees. The devotees of Shri Ram said that, it would be a Ram temple. The devotees of Hanuman said that, it would be a Hanuman temple. Shri Krishna's devotees said, it would be a Krishna temple, Durga's devotees said, it would be a Durga's temple, Shankar's devotees said that, it would be a Shiva temple.

All the devotees decided collectively, "Let there be voting." Voting was done as is done in any election.

In the evening counting was done. All the gods descended from heaven. The devotees have voted, "let us see the result."

As the results were announced, the first to depart was Shankarji. He thought that he was defeated. He thought that he was sitting delightfully on Kailash. Why he invited this trouble?

After sometime Durgaji also departed sensing her defeat.

Shri Krishna thought he was being defeated. Safety measures being very strong there was no chance of any manipulation. He also departed.

In the end there was contest between the two. It would be either Hanumanji or Ramji. Counting was in progress for the final result. Sometimes Hanumanji was leading. Ramji became serious. The whole of Raghuvansh was sitting. Lest he should be defeated.

The result was announced. Hanumanji was the winner. Slogans were raised. Shri Ram thought, why this happened? Hanumanji fell on his feet and said, "Ram te adhik Ram kar dasa." Ram's servant is more important than Ram.

Ram's people said, "let there be recounting. Hanuman has won by two votes. There might be some mischief."

Recounting was done and Hanumanji again won by two votes. Ram thought that his devotee had won. He accepted his defeat.

There was Jai-Jaikar of Hanumanji. Ramji thought that he should ask Hanumanji before departing as to who were those two votes by which he won.

He asked Hanumanji. Hanumanji replied that he was his servant. The two votes by which he had won were Ra and Ma. Those two were his dependents.

"Maharaj! If your name is with me, how can I be defeated?"

Goswamiji says that, Hanumanji with whom Ram's name is associated, we should recite repeatedly his Chalisa and the result would be that we shall get everything we want. What shall we get?

सकती है?"

गोस्वामीजी कहते हैं कि जिन हनुमानजी के साथ यह रामनाम है, उन्हीं की चालीसा का जाप हम बार–बार हमारे जीवन में करें, तो सबसे बड़ा परिणाम यह आएगा कि जो चाहें, हमें वह मिलेगा। और क्या मिलेगा?

तो गोस्वामीजी कहते हैं कि सबसे बड़ी बात तो यह है कि चाहत जड़ से ही उखड़ जाएगी।

जिसको सिद्ध हो जाती है श्रीहनुमान चालीसा, उसकी चाहत ही समाप्त हो जाती है और जिसकी चाहत (आसक्ति) खत्म हो जाती है उसको सुख ही सुख है।

यही सच्चा ज्ञान है और भक्ति के मार्ग पर चलते हुए इसे ही निष्काम कर्मयोग कहते हैं। ध्येय और लक्ष्य तो रहेंगे, लेकिन आसक्ति नहीं रहेगी। सफलता तो मिलेगी, पर अहंकार जाता रहेगा। ईमानदारी आवरण में नहीं, अन्तरतम में होगी और जब इससे स्वभाव सधेगा तो सारे व्यवहार दिव्य हो जाएंगे।

यही श्रीहनुमान चालीसा का सबसे बड़ा फल है।

"रघुपति प्रियभक्तं वातजातं नमामि.... नमामि... नमामि.. ।"

The Goswami says that, the great thing would be that all desires itself be rooted out.

He who accomplished Shri Hanuman Chalisa attains the state of detachment and whose wants have become zero he is the happiest man.

This is the real knowledge and treading the path of devotion is called nishkam karmyoga. There will be purpose and aims but no attachment. We may get success but there will be no pride. Honesty will not be on the cover but inside it and when nature accomplishes this all our behaviour will bacome divine.

This is the greatest fruit of Shri Hanuman Chalisa.

"Raghupati priybhaktam vaatjaatam namami, namami, namami".

I bow to the dear devotee of Raghupati, son of the Wind God.

जीवनी

गोस्वामी तुलसीदास

संवत् 1589। उस समय 23 वर्षीय हुमायूं का शासन था। उन्होंने सल्तनत पठानों से हासिल की थी। मुगलों ने अपने आने की घोषणा सभी जगह लूटपाट, मारकाट, आगजनी से की। उसी दौर का एक राज्य (अवध के नाम से जाना जाता था), जिसके राजा, जैसपुर के पठानों के साथ थे। पठानों के साथ होने के कारण मुगलों से इनकी ठनी। राजा मारे गए। रानी ने जान दे दी और राजकुंवर पकड़ी गई, बाद में उसने भी यमुना में कूदकर प्राण दे दिए। राजा की मुगलों से इस पराजय का कारण रहे धोंकलसिंह और अब्बू खां पठान। इन दोनों ने राजा के साथ धोखा किया था।

यमुना किनारे एक छोटा सा गांव विक्रमपुर। मुगलों के अत्याचार से आशंकित था पूरा गांव। मुगलों के अत्याचारी सैनिकों के मुकाबलों के लिए गांव की सरहद पर गांव के समस्त जाति के सूरमा मर–मिटने की तैयारी में थे, समस्त जाति–ब्राह्मण, क्षत्रिय, अहीर,जुलाहा। गांव के भीतर एक कच्चे मकान में 25–30 वर्ष के सरयूपारीण ब्राह्मण पण्डित आत्माराम दुबे बैठे थे। उनकी पत्नी हुलसी प्रसव पीड़ा से ग्रस्त थी। गांव के कुछ लोग भी बैठे हुए थे। दासी ने आकर थाली बजाई और कहा पुत्र हुआ है। प्रसन्नता का वातावरण कुछ ही समय में समाप्त हो गया जब पं. आत्माराम ने पंचांग देखा। भादौ सुदी एकादशी मंगलवार सं. 1589 को जन्म लेने वाला यह बालक अभुक्त मूल नक्षत्र में हुआ था।

इसके अनुसार, अपने माँ–बाप का काल बनेगा यह बालक। इस छोटे से मांसपिण्ड को त्यागने का निर्णय लिया गया। माता हुलसी ने अंदर पड़े–पड़े जब यह सुना तो अपनी दासी मुनिया से वचन लिया कि वह इस अबोध बालक का लालन–पालन करेगी और हुलसी ने देह त्याग दी। विषाद के इन क्षणों में पं. आत्माराम ने मुनिया को बुलाया और कहा कि इस बालक को कहीं भी फेंक कर आ जा।

मुनिया दासी उस बालक को लेकर यमुना पार अपनी सास के पास छोड़कर

BIOGRAPHY

Goswami Tulsidas

Samvat 1589 (1533 A. D.). At that time 23 years old Humayun was the ruler. He regained kingdom from the pathans. The Mughals declared their arrival by killing, arson and loot everywhere. During that period there was a state known as Awadh. Its monarch supported the pathans of Jaispur. On account of his being with the pathans, he attracted animosity of the Mughals. The monarch was killed. The queen committed suicide, and the princess was caught. Subsequently she also committed suicide by jumping into the Yamuna. The defeat of the monarch by the Mughals was caused by Dhakal Singh and Abbu Khan Pathan. Both of them deceived the monarch.

A small village at the bank of the Yamuna. The whole village was under the grip of Mughal. At the border of the village the brave people belonging to all castes assembled and prepared to lay down their lives while facing the atrocious soldiers of the Mughals. All castes i.e. brahmin, kshatriya, milkman and weavers. In the village in a clay built house, Pandit Atmaram Dubey a Sarayuparin brahmain of 25—30 years of age was sitting. His wife Hulsi was undergoing pangs of labour. Some other people were also sitting. The housemaid came and ringing a thali announced that a son was born. The atmosphere of happiness ended in a very short time when Pandit Atmaram consulted the almanac. The child born on Bhadon sudi Ekadasi, Tuesday samvat 1589 (1533 ad) was put under abhukta moola nakshatra (asterism).

Accordingly he was to bring about death to his parents. It was decided to abandon this small piece of flesh. Mother Hulsi lying inside heard this and took promise from her maid that she would bring up the child and Hulsi died. During these moments of grief Pandit

जब वापस विक्रमपुर (जो बाद में राजापुर के नाम से बसा) आई, तब तक गांव उजड़ चुका था। एक साधु आया उसने कहा कि अब यह गांव नहीं बचेगा, जिसे अपने प्राण बचाना हो वो भाग जाय। लोग अपने–अपने परिवार को लेकर भाग गए। जो बचे रहे, उन्हें अब्बू खां और मुगलों के सैनिकों ने तहस–नहस कर दिया। सब कुछ स्वाहा हो चुका था, पं. आत्माराम दुबे भी नहीं रहे।

मुनिया और उसकी सास ने बालक का नाम रामबोला रखा। कुछ समय बाद मुनिया चेचक के कारण चल बसी। बूढ़ी मां और पांच वर्ष का बालक भीख मांगकर गुजारा करते थे। एक दिन बुढ़िया मां भी चल बसी। पांच वर्षीय बालक रामबोला तीसरी बार अनाथ हो गया। इस दीन–हीन बालक को गांव में सब दुत्कारते थे। बालक रामबोला गांव के बाहर घाघरा–सरयू नदी के पावन स्थल पर हनुमानजी के मंदिर में जाकर वहीं चढ़ाए प्रसाद से भूख मिटाने लगा। वहीं इस रामबोला से एक संत बाबा नरहरिदास की भेंट हुई। इस अनाथ बालक की प्रतिभा को देखकर संत नरहरिदास ने इसे अपने साथ रख लिया।

बाबा नरहरिदास रामबोला को लेकर उसके पंच–संस्कार के लिये अयोध्या आ गये। उस समय अयोध्या का वातावरण बहुत तनावग्रस्त था। हुमायूं, शेरशाह सूरी से हार गया था। मुगलों और पठानों के युद्ध ने अयोध्या को भी चपेट में ले रखा था। यहीं अयोध्या में यज्ञोपवीत संस्कार के बाद बालक रामबोला का नाम तुलसी रखा गया।

इस समय तुलसी सात वर्ष के थे। कुछ समय यहीं अयोध्या में रहकर तुलसी की शिक्षा–दीक्षा होती रही। बाबा नरहरिदास, तुलसी को लेकर काशी आ गए।

काशी में पं. शेष सनातन की पाठशाला में इनकी विधिवत् शिक्षा आरंभ हो गई। ये भृत्य शिष्य थे। पं. शेष जी की घर की सेवा भी करते और अध्ययन भी करते। यहीं इस बारह–तेरह वर्ष के बालक ने पहली कविता की रचना की। अपने मित्रों के बीच सुनाया। पंक्तियां थीं "भूत पिशाच निकट नहिं आवै। महाबीर जब नाम सुनावै।।" फिर तुलसी युवा होकर इसी पाठशाला में पढ़ाने लगे। इनका परिचय यहीं एक मेधा भगत नामक कीर्तनकार से हुआ। इन्हीं मेधाभगत के साथ तुलसी तीर्थ यात्रा को निकल पड़े। दिल्ली पहुंचने पर मेधा भगत तो काशी लौट गए, लेकिन तुलसी अपने मित्र नंददास से मिलने ब्रजभूमि और मथुरा की ओर चल दिए। नंददास से मिलकर तुलसी प्रयाग होते हुए अपने जन्मस्थान राजापुर आ गए।

राजापुर जो कभी विक्रमपुर था, वहां तुलसी का जन्मस्थान भी उजाड़ हो गया था। यहां तुलसी की भेंट अपने से 4–5 दिन छोटे राजा भगत से हुई। दोनों युवा भगत मित्र बन गए। राजा भगत ने तुलसी के निवास की व्यवस्था कर दी

Atmaram called Muniya, the maid and asked her to throw away the child anywhere and come back.

The maid Muniya leaving the child with her mother-in-law across the Yamuna came back to Vikrampur (which was subsequently resettled as Rajapur) and saw that the whole village was destroyed. A sage came and said that, the village was unlikely to be saved so whosoever wanted to save his life should run away from there. People ran away with their families. Those who remained were destroyed by Abbu Khan and the Mughal soldiers. Everything was burned down. Pandit Atmaram Dubey also died.

Muniya and her mother-in-law named the child as Rambola. After sometime Muniya died of smallpox. The old mother and five years old child carried on by begging. One day the old mother also died. The five years old boy Rambola again became an orphan. The poor boy was looked down upon by everybody in the village. The boy Rambola used to go to a Hanumanji temple, a sacred spot on bank of the Ghagra-Saryu and quenched his hunger with prasad (gift) of the temple. There he met a sage Baba Narharidas. Looking to the genius of the orphan boy the sage Narharidas provided shelter to the boy with him.

Baba Narharidas came to Ayodhya with the boy for his five sacraments. At that time the atmosphere of Ayodhya was full of tension. Humayun was defeated by Shershah suri. The war between the Mughals and Pathans engulfed Ayodhya also. Here after his sacred thread ceremony the boy Rambola was named Tulsi.

Tusli was seven years old. For sometime Tulsi received education in Ayodhya. Baba Narharidas came to Kashi (Varanasi) with Tulsi.

At Kashi in a school run by Pandit Shesh Sanatan his systematic schooling began. He was a servant-disciple. He served at the house of Pandit Shesh and studied. Here at the age of twelve-thirteen he wrote his first poem. He recited it to his friends. The lines were, "Bhoot pisach nikat nahin aave, Mahabeer jab naam sunave." Being a young man Tulsi started teaching in the same school. He was introduced to a Kirtankar Medha Bhagat. Along with Medha Bhagat Tulsi set out for a pilgrimage. Reaching Delhi Medha Bhagat returned to Kashi but Tulsi went to Mathura to meet his friend Nand Das. Meeting Nand Das, Tulsi came to his birth place Rajapur via Prayag.

और अपने पैतृक मकान को पुनः व्यवस्थित करके तुलसी वहीं रहकर कथा वाचन और ज्योतिष का कार्य करने लगे। उनकी प्रसिद्धि बढ़ती गई और राजापुर पुनः आबाद हो गया।

एक ब्राह्मण पं. दीनबन्धु पाठक ने अपनी रूपवती कन्या 14 वर्षीय रत्नावली से तुलसी का विवाह कर दिया। घर में सुन्दर पत्नी के साथ गृहस्थी का आनंद और बाहर अपने कथा प्रवचन तथा पण्डित्य की प्रतिष्ठा ने तुलसी का जीवन निहाल कर दिया। एक पुत्र हुआ, नाम रखा तारापति। राम भक्ति पर गृहस्थी का जंजाल बसने लगा।

दो–तीन वर्ष बीत गए। तुलसी का मन भ्रमण को ललचाने लगा। पत्नी रत्नावली और बच्चे को यहीं छोड़कर तुलसीदास काशी की यात्रा पर निकल पड़े। काशी में तुलसी अपने मित्र गंगाराम के घर पर ठहरे। गंगाराम भी ज्योतिषी थे। एक बार गंगाराम के सामने एक प्रश्न की चुनौती आई इसे तुलसी ने हल कर दिया और यहीं तैयार हुई रामशलाका प्रश्नावली। पं. गंगाराम को इस रामशलाका उपलब्धि पर लाखों की भेंट राजा से मिली। बहुत कहने पर तुलसी ने इसमें से 25000 ही रखे। 13000 दान कर दिये और शेष 12000 लेकर तुलसी वापस राजापुर आ गए।

राजापुर घाट पर उतर कर तुलसी के मन में विचार आया क्यों न ससुराल ही जाया जाए। रत्ना और तारापति पुत्र तो वहीं हैं। यमुना में बाढ़ थी, लेकिन तुलसी अपनी कमाई को राजा भगत को देकर एक नाव में चढ़कर यमुना पार हो लिए। ससुराल पहुंचकर तुलसीदास को अपने साले पं. गंगेश्वर के व्यंग्य–विनोद बाणों का सामना करना पड़ा। बिन बुलाए जमाई जी ससुराल आ गए, इससे रत्नावली भी व्यथित हो गई। रात को वार्तालाप के दौरान रत्ना ने तुलसी से कुछ तीखे वचन भी कह डाले "लाज न लागत आपको दौड़े आये साथ, धिक–धिक ऐसे प्रेम को कहा कहुं मैं नाथ। अस्थि चर्म मय देह मम तापर जैसी प्रीति, तैसी जो श्री राम में होत न सो भव भीति" और यहीं तुलसी को बोध हुआ कि अब जीवन राम के लिए है काम के लिए नहीं। तुलसी आधी रात को पत्नी और पुत्र को सोता छोड़कर यमुना किनारे–किनारे चल दिए।

तुलसी के कदम बढ़ते रहे उस ओर जहां उन्हें काव्याकाश का सबसे चमकीला नक्षत्र बनना था। अपने राम की लोक छवि को प्रतिष्ठित करने के लिए उठे हुए ये कदम, चित्रकूट जाकर ठहर गए। वहीं रामकथा रचना साकार रूप लेने लगी।

एक दिन राजा भगत ने आकर तुलसी को कहा वापस चलें। भाभी रत्नावली बहुत दुःखी है आपका पुत्र तारापति बड़ी माता के प्रकोप से चल बसा। लेकिन

Rajapur which was previously Vikrampur there Tulsi's birth place was also in ruins. There Tulsi met Raja Bhagat who was younger than Tulsi by 4-5 days. Both the young Bhagats became friends. Raja Bhagat arranged for residence of Tulsi and Tulsi after rebuilding his ancestral house started living there. He used to give discourses and worked as an astrologer. His fame increased and Rajapur again became a settlement.

A brahmin Pandit Deenbandhu Pathak married his 14 years old beautiful daughter Ratnavali to Tulsi. At home the delight of beautiful wife, a house and the reputation of his discourses and scholarship made Tulsi's life very happy. They had a son and he was named Tarapati. The household affairs overshadowed his devotion to Ram.

Two-three years passed. Tulsi's mind became impatient for travelling. Leaving his wife and son there he set out for Kashi. At Kashi Tulsi stayed with his friend Gangaram. Gangaram too was an astrologer. Once Gangaram faced a challenge for a question and Tulsi solved it and here Ramshalaka Prashnavali was prepared. Pandit Gangaram recieved the gift of lacs of rupees from the monarch for Ramshalaka. After much insistence Tulsi kept only Rs. 25,000/-. He donated Rs. 13,000/- and came back to Rajapur with Rs. 12,000/-.

Getting off the bank of Rajapur, Tulsi thought to go to his father-in-law's house. Ratna and Tarapati were there. There was flood in the Yamuna but Tulsi depositing his money with Raja Bhagat riding in a canoe crossed the Yamuna river. Reaching his father-in-law's house Tulsidas had to face sarcastic remarks of his brother-in-law Pandit Gangeshwar. Without being called Son-in-law came to father-in-law's house. So Ratnavali also felt aggrieved. During conversation at night Ratna said some harsh words to Tulsi, "laj na lagat aapko daude aaye sath, dhik-dhik aise prem ko kaha kahun mein nath. Asthi charm maye deh mum taper jaisi preeti, taisi jo Shri Ram mein hot na so bhav bheeti."

My Master, you do not feel ashamed of coming here to me. Curse to such a love. My body is made of bones and skin and you have love for it. Had you shown such a love for Shri Ram. You would not have fallen in the hell of this world. Here Tulsi got enlightened that from then onward the life was for Shri Ram and not for any other work. At midnight leaving his wife and son asleep he walked along the bank of

तुलसी जिस मार्ग पर चल चुके थे फिर वहां से नहीं लौटे। तुलसी ने चित्रकूट छोड़ दिया और जनकपुरी आ गए। यहां से तुलसी प्रयाग–राज होते हुए अयोध्या आ पहुंचे।

उनके मन में इस अवधि में रामकथा को संस्कृत से हटकर जन–भाषा में रचने की अनुभूति हुई। अयोध्या आकर तुलसीदास वहीं ठहरे जहां कभी बाबा नरहरिदास ने बचपन में उन्हें लाकर उनका संस्कार किया था। पर वहां उन्हें वातावरण अनुकूल नहीं लगा। तुलसीदास अयोध्या में ही रामानुज संप्रदाय के एक मठ में कोठारी का कार्य करने लग गए, लेकिन महन्त की एक रखैल को लेकर तुलसीदास के मन में महंत के प्रति श्रद्धा जाती रही और उन्होंने वह मठ भी छोड़ दिया।

तुलसी सरयू के तट पर रामघाट पर रहने लगे। वहां एक बूढ़ा ब्राह्मण कथा करता था, पर उसकी कथा कोई सुनता ही नहीं था। सो यह देख तुलसीदास ने उस बूढ़े ब्राह्मण से कहा कि आपकी अनुमति हो तो आपके स्थान पर मैं कथा करूं। दक्षिणा से आपकी पेट पूजा भी चलती रहेगी। ब्राह्मण ने अनुमति दे दी। तुलसी ने सरयू तट के रामघाट पर रोज कथा कहना आरम्भ किया। लोग इकट्ठे होने लगे। और इस तरह प्रतिदिन कथा–प्रवचन होने लगे। श्रोताओं की भीड़ बढ़ने लगी। तुलसी अपने प्रवचन में अपने काव्य से उस काल का जो चित्र खींचते थे, वह लोगों को मन्त्र–मुग्ध कर देता था।

यहीं अयोध्या में तुलसी ने रामजन्म के दिन मंगलवार को रामकथा का आरंभ किया। वे जन–भाषा में ग्रंथ लिख रहे थे। अतः उनका विरोध हुआ। तुलसी ने यहीं बालकांड पूरा कर लिया था। उनके विरोध में उन पर तरह–तरह के आरोप लगाये गए। इन सबसे क्षुब्ध होकर तुलसी ने अयोध्या छोड़कर काशी जाने का निर्णय ले लिया।

काशी पहुंचकर तुलसीदास अपने मित्र गंगाराम और उनके एक यजमान जमींदार टोडरमल से मिले। टोडरमल ने तुलसीदास को रामकथा लिखने हेतु एकांत उपलब्ध करवाया हनुमान फाटक पर। लेकिन यहां भी मंदिर में तुलसी के पुराने भक्त और विरोधी दोनों के कारण शांति भंग होने लगी तो तुलसी ने टोडरमल से कहा। तब टोडरमल ने असी घाट पर तुलसी के रहने हेतु एक कुटिया बनवा दी। यहां तुलसी ने अरण्य कांड तक की रचना कर डाली थी। साथ–साथ तुलसी जन समाज को हनुमान मन्दिर के निर्माण और अखाड़ों की स्थापना के लिए प्रेरित भी करते रहे।

जैसे–जैसे काशी में उनकी प्रसिद्धि बढ़ी विरोध भी बढ़ा। शांति भंग हुई रामकथा महाकाव्य की रचना में बाधा आने लगी। तब तुलसी अपने सहयोगी

the Yamuna. Tulsi steps went to the direction where he had to become the brightest star in the literary firmament. In order to establish the popular image of his Ram those steps went forward and stopped at Chitrakoot. There the Story of Ram started taking its shape.

One day Raja Bhagat came to Tulsi to take him back. He said that Ratnavali was sorry and his son Tarapati died of the cow pox. But the path he had chosen for himself he never went back. Tulsi left Chitrakoot and came to Janakpuri. From there he went to Ayodhya via Prayag-raj. During this period he thought of writing Ram Katha in the popular dialect away from Sanskrit.

Coming to Ayodhya Tulsidas stayed at the place where in his childhood Baba Narharidas brought him for performing sacraments. There he did not find atmosphere suitable. He started working as a storekeeper in a math of Ramanuja sect at Ayodhya. But his faith in the Mahant receded because of a Concubine kept by the Mahant. He left the math.

Tulsi stayed at Ramghat at the bank of the Sarayu. There an old brahmin used to perform his Katha but nobody listened to him. Tulsidas said to him that, with his permission he was ready to perform Katha. You would be fed by the gift. The brahmin permitted him. Tulsi started to perform Katha everyday at Ramghat on the bank of the Sarayu. People started assembling and everyday discourses were delivered. Crowd of the listeners started increasing. Tulsi during his discourse drew a picture of that period which left the people spell bound.

Here in Ayodhya on the day of Ram's birth started Ram katha on Tuesday. He was writing a book in the popular language, so he faced some opposition. Tulsi completed the Bal Kand there. In his opposition he had faced charges. Being aggrieved by this, he decided to leave Ayodhya and go to Kashi.

Reaching Kashi Tulsi met his friend Gangaram and one of his clients Todarmal.

Todarmal provided Tulsi a solitary place at Hanuman gate for writing the Ram katha, but here too because of his supporters and opponents the place disturbed him. He told this to Todarmal. Todarmal built a small room for him on the Assighat. Here Tulsi wrote upto the Aranya Kand. Tulsi also motivated people to establish popular societies,

टोडरमल, गंगाराम और एक स्थानीय कवि कैलास की राय से भदैनी में जयराम साव की बगीची में आ गए।

यहां मेधा भगत चल बसे। सं.1635 जेठ की तीज पर रामचरितमानस पूरा हुआ। अपने सहयोगियों के कहने पर तुलसीदास लोलार्क कुण्ड पर एक मठ के महंत बन गए। यहीं उन्हें गोस्वामी का पद मिला। और उनकी दाढ़ी–मूंछ, केश मुंड गए। इस मठ में तुलसी कृष्ण पूजा किया करते थे। एक दिन यहीं राजा भगत पधारे साथ में थी, रत्नावली। सब लोगों को सूचना मिली कि तुलसी की धर्मपत्नी पधारी हैं। सबने तुलसी से आग्रह किया कि रामकथा रचना का कार्य पूरा हो गया है अब कृपया गृहस्थ जीवन पुनः स्वीकार करें। रत्नावली ने भी चरण सेवा की भीख मांगी, लेकिन तुलसी ने लोक धर्म निभाने के लिए मानव जीवन का सबसे सहज स्वीकार्य संबंध पुनः नहीं स्वीकारा। जाते–जाते आश्वासन दिया कि तुम्हारी मृत्यु के पूर्व एक बार राजापुर अवश्य आऊंगा।

कभी तुलसी रत्ना के जीवन से चले आए। आज रत्ना तुलसी के जीवन से चली गई।

यहीं से पुनः शुरु हुआ विरोध का नया स्वरूप। तुलसी का उद्देश्य रामकथा को जन–जन तक पहुंचाने का था। अतः मठ छोड़ने का निर्णय लिया। एक भक्त हरेकृष्णदास को महंत बनाकर तुलसी पुनः असीघाट पर रहने लगे। काशी में स्थान–स्थान पर रामचरितमानस की कथा करने लगे। यहीं रहकर तुलसी ने रामलीला को भी नया रूप दिया।

बटेश्वर मिश्रा नामक पण्डित तुलसी से बैर रखने वालों में प्रमुख थे। उन्होंने षड्यन्त्र किया और तुलसी को बलवे के आरोप में बन्दी बनवा दिया। तब ऐसा विद्रोह भड़का कि उस दिन काशी ने देखा तुलसी काशी की रग–रग में समा गए हैं।

तुलसी छोड़ दिए गए। यह खबर बादशाह अकबर तक पहुंची, उन्होंने काशी–जौनपुर सूबे के नये सूबेदार के लिए अब्दुर्र–रहीम खानखाना को भेजा।

तुलसी की बांह में गिल्टी निकल आई थी। वे बहुत पीड़ित थे। रहीम तुलसी से यहीं मिले थे। दोनों में वार्तालाप भी हुआ। रहीम ने तुलसी के राम प्रेम को परखने के लिए एक व्यक्ति द्वारा प्रश्न पुछवाया, प्रश्न था "धूर धरी निज सीस पर कह रहीम केही काज "प्रश्न था कि नदी के तट पर एक हाथी धूल का अपने सिर पर बिखेर रहा था, रहीम जानना चाहते हैं वो ऐसा क्यों कर रहा है?" तुलसी ने उत्तर दिया जो तुलसी की राम भक्ति का प्रमाण बन गई। "धूर धरी निज सीस पर कह रहीम केही काज, जेहीं रज मुनि पत्नी तरी सौं ढूंढत गजराज।"

Hanuman temple and Akhadas.

As his fame increased in Kashi his opposition also increased. Peace was disturbed and obstacles were created in the composition of the Ram katha. Then Tulsi with the help of Todarmal, Gangaram and a local poet Kailash came to stay in the garden called Jairam sav Bagichi.

Here Medha Bhagat died. On the third day Jeth samvat 1635 the Ramcharitmanas was completed. On the advice of his well wishers. Tulsidas became Mahant of a math at the Lolark kund. He was conferred with title of the Goswami and beard, mustache and hair were removed. In this math Tulsi used to worship Shri Krishna. One day Raja Bhagat came to his place along with Ratnavali. Everybody came to know that wife of Tulsi was come. Everybody insisted that the composition of Ram katha was complete so he should again enter the household life. Ratnavali too begged to serve his feet but Tulsi to maintain Lok Dharma did not accept again the easiest and most acceptable relationship of human life. While going he promised her that before her death he would visit Rajapur certainly. Once Tulsi departed from the life of Ratna but then Ratna departed from the life of Tulsi.

A new form of opposition started. Tulsi's purpose was to carry Ram katha to the people. He decided to leave the Math. He made Harekrishna Das, a devotee Mahant and started living at Assighat. He performed Ramkatha at different places in Kashi. Tulsi also gave a new form to Ramleela.

Pandit Bateshwar Mishra was one of the main opponents of Tulsi. He conspired and got Tulsi arrested on the charge of rioting. Then such a rebellion happened that, on that day Kashi saw that Tulsi had penetrated into every vein of Kashi. Tulsi was released. The news reached the king Akbar. He sent Abdul-Rahim Khankhana to occupy the post of governor of Kashi-Jaunpur province.

Tulsi had a tumour on his arm. He had a severe pain. Rahim met Tulsi there. Both had a conversation. In order to test Tulsi's love for Ram, Rahim asked a question through another man. The question was,"dhoor dharee nij sees par kah rahim ke hee kaj," An elephant was throwing dust on its head on a river bank. Rahim wanted to know why the elephant was doing so? Tulsi's reply became the proof

रहीम ने तुलसी के समक्ष प्रस्ताव रखा अगर शहंशाह आपको कोई जागीर दें तो क्या आप स्वीकार करेंगे? तुलसी ने उत्तर दिया "हम चाकर रघुवीर के पटो लिखो दरबार। तुलसी अब का होहिंगे नर के मनसबदार।।" रहीम ने तुलसी को बंदी बनाये जाने पर क्षमा मांगी।

उसी समय काशी में हैजा फैला। लोग कीड़े-मकोड़ों की तरह मरने लगे। तब तुलसी जो कि प्रौढ़ हो चले थे, उनकी पहल पर अखाड़ों के नवयुवकों ने पीड़ितों की बहुत सेवा-चाकरी की। इसके बाद तुलसी का मन एक बार फिर भ्रमण करने को ललचाया।

वे चल पड़े, चित्रकूट आये। वहां से मथुरा पहुंचे अपने मित्र नंददास के यहां। यहीं उनकी भेंट सूरदास से हुई। फिर तुलसी अयोध्या होते हुए काशी लौट आये। यहां आकर ज्ञात हुआ कि उनके कुछ विरोधियों ने उनके मित्र टोडरमल की हत्या कर दी। तुलसी वहीं असीघाट पर रहने लगे। यहीं उन्होंने 'विनय पत्रिका' की रचना आरंभ कर दी। 90 वर्ष के तुलसी ने अपने शिष्य रामू, बैनीमाधवदास से कहा कि रत्नावली से मिलने राजापुर चलना है, तीनों राजापुर आये। रत्नावली अंतिम सांसें गिन रही थी। रत्नावली को इस संसार से विदा करके तुलसी वापस काशी आ गये।

काशी में असीघाट पर रोगग्रस्त तुलसी अपने शिष्यों से घिरे रहते थे। विनय पत्रिका के पदों की रचना हो रही थी। रत्नावली की मृत्यु के एक वर्ष बाद श्रावण कृष्ण तीज सं.1680 को ठीक जिस दिन रत्नावली ने देह त्यागी थी, ब्रह्मवेला में इस महान् श्रीराम भक्त-संत ने श्रीराम चरणों में अपने प्राण त्याग दिए।

पं. विजयशंकर मेहता

(तुलसीदास जी की जीवनी के समस्त प्रमाण उपलब्ध नहीं होने के कारण विद्वानों में मतैक्य नहीं है। अतः प्रस्तुत सामग्री अंतिम प्रमाण नहीं है)

of his devotion to Ram.

"Dhoor dharee nij sees par kah Rahim ke hee kaj, jehi raj muni patni tari soi dhundhat gajraj."

Rahim proposed to Tulsi if the king conferred a jagir on him, would he accept it? Tulsi replied,"ham chakar Raghubir ke pato likho darbar, Tulsi ab ka hohinge nar ke mansabdar." Rahim apologised to Tulsi for his being arrested.

At that time cholera broke out in Kashi. People were dying like insects. On the initiative of Tulsi who was now mature, young man of the Akhadas served the people well. Then Tulsi's mind again wished to travel.

He started for and reached Chitrakoot. He went to Mathura to his friend Nanda Das. Here he met Surdas. Tulsi came back to Kashi via Ayodhya. He came to know that some of his opponents killed his friend Todarmal. Tulsi lived at Assighat. He started composing the Vinay Patrika. At the age of ninety Tulsi with his disciples Ramu and Benimadhav Das went to Rajapur to meet Ratnavali. Ratnavali was breathing her last. Having given his farewell to Ratnavali, Tulsi came back to Kashi.

At the Assighat of Kashi the ailing Tulsi was surrounded by his disciples. Composition of the Vinay Patrika was in progress. Exactly one year after the death of Ratnavali on Shravana Krishna Teej samavat 1680 (ad 1629) on the same day when Ratnavali died, this great devotee of Sage Ram at early in the morning passed away to get his favourite Ram's feet.

Pandit Vijay Shankar Mehta

(All the proofs of the biography of Tulsidasji not being available. So there is no unanimity among the scholars. Hence the material presented here is not the final proof.)

रचनाएँ

प्रमाणित बारह हैं

छह छोटी–

1. रामलाल नहछू
2. वैराग्य संदीपनी
3. बरवैरामायण
4. पार्वती मंगल
5. जानकी मंगल
6. रामाज्ञा प्रश्न या रामसगुनावली।

छह बड़ी–

1. दोहावली या राम सतसई
2. कविता रामायण–कवितावली
3. गीतरामायण या गीतावली
4. श्रीकृष्ण गीतावली
5. विनय पत्रिका
6. श्रीरामचरितमानस

Works

Twelve authentic works

Six small—

1. Ramlal Nahchhoo
2. Vairagya Sandeepani
3. Barvai Ramayan
4. Parvati mangal
5. Janaki mangal
6. Ramagya Prashna (or Ram Sagunavali)

Six long—

1. Dohavali or Ram Satsai
2. Kavita Ramayan—Kavitawali
3. Geet Ramayan or Geetavali
4. Shri Krishna Geetavali
5. Vinay Patrika
6. Shri Ramcharitmanas.

आभार

इन सबका...

जिनका जो कुछ भी श्रेष्ठ है, वह ग्राह्य है, अन्यथा सब त्याज्य है

- ओशो, तेजोमयानंदजी, पू. मोरारी बापू, डॉ. राम लक्ष्मण मूर्ति, श्री एन. रघुरामन
- श्री सुधीर अग्रवाल, श्री अशोक माहेश्वरी, श्री प्रकाश बियाणी, श्री श्रवण गर्ग,
- श्री पुष्कर बाहेती, श्री अक्षय आमेरिया, डॉ. विवेक चौरसिया, डॉ. शैलेन्द्रकुमार शर्मा, श्री जगदीश श्रीवास्तव
- श्री आर.एन. रावल, श्रीमती सूर्यकांता
- श्री जयकुमार दवे, निर्मला बेन, श्रीकुमार दवे, हंसाबेन
- श्री संजय, श्रीमती अमिता, डॉ. अजय–डॉ. सविता।
- देवव्रत, योगव्रत

  और
- आभा

Acknowledgements

To all these persons...
every positive contribution of whom is acceptable and rest to be left

- Osho, Tejomayanandji, Pujya Morari Bapu, Dr. Ram Laxman Murti, Shri N. Raghuraman.
- Shri Sudhir Agrawal, Shri Ashok Maheshwari, Shri Prakash Biyani, Shri Shravan Garg,
- Shri Pushkar Baheti, Shri Aakshay Aameria, Dr. Vivek Chaurasia, Dr. Shailendra Kumar Sharma, Shri Jagdish Shrivastav
- Shri R. N. Rawal, Smt. Suryakanta
- Shri Jaikumar Dave, Nirmalaben, Shrikumar Dave, Hansaben
- Shri Sanjay, Smt. Amita, Dr. Ajay, Dr. Savita
- Devvrat, Yogvrat

  and
- Abha

●●●